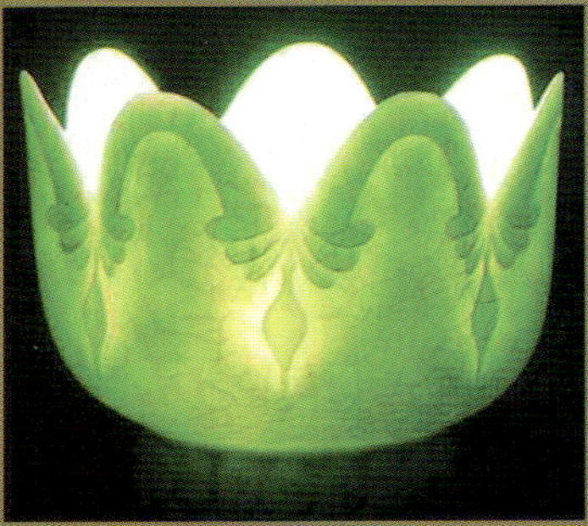

南辛賞柴

南辛◎著

百花文艺出版社
BAIHUA LITERATURE AND ART PUBLISHING HOUSE

图书在版编目(CIP)数据

南辛赏柴 / 南辛著. – 天津:百花文艺出版社,
2010.10

ISBN 978 – 7 – 5306 – 5728 – 7

Ⅰ.①南… Ⅱ.①南… Ⅲ.①瓷器(考古) – 研究 –
中国 – 北宋 Ⅳ.①K876.34

中国版本图书馆 CIP 数据核字(2010)第 176026 号

百花文艺出版社出版发行

地址:天津市和平区西康路 35 号

邮编:300051

e – mail:bhpubl@ public.tpt.tj.cn

http://www.bhpubl.com.cn

发行部电话:(022)23332651 邮购部电话:(022)27695043

全国新华书店经销

河北省三河市宏达印刷有限公司印刷

*

开本 787 × 1092 毫米 1/16 印张 9

2010 年 10 月第 1 版 2010 年 10 月第 1 次印刷

印数:1 – 5000 册 定价:39.00 元

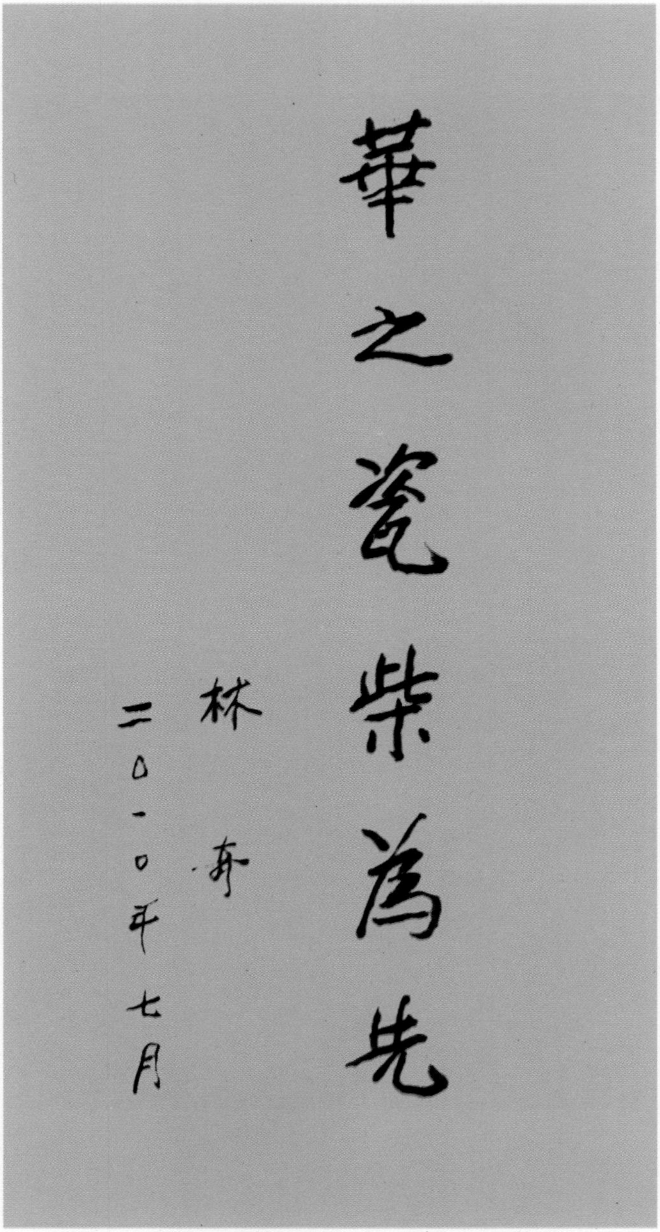

前湖北省文物考古研究所筹备组组长林奇研究员为本书题字

著名文物鉴定专家孙学海先生鉴赏古瓷

与考古专家赵青云老师在杭州合影

弘二院长在湖北电视经济频道鉴宝时与工作人员合影

出席第二届郑州柴窑研讨会全体代表合影

本书出版发行赞助人杨英女士

清华大学美术学院艺术品鉴赏高级研修班学员交流场景

序

自夏启立国算起，我们中华民族已经度过了4079年的漫长历史，璀璨夺目的陶瓷文化在祖国传统文化中独树一帜，傲然屹立于世界民族艺术之林。中华民族走向复兴的征程中，继承弘扬优秀传统文化，既是贯彻落实科学发展观，将文化产业做大做强的基础性工作，也是增强文化软实力，提升综合竞争力，推进和谐社会建设的需要。

改革开放卅余年来，伴随着国民经济增长与社会发展，人民物质生活质量逐步提高，精神文化需求日益丰富多彩，“盛世兴藏”深入人心，民间收藏持续升温。令人振奋的是，我国政府正在不断出台新的政策规定，鼓励和引导民间文物收藏。国内收藏界一批有良知的志士仁人，出于对民族传统文化的认知、认同与热爱，怀着对祖先遗留下来的珍贵遗产的景仰之情，克服重重困难和障碍，积极开展“疑似文物”的鉴藏与研究，为保护和传承民族文化作出了卓越贡献，相信历史会对此给出公正的评价。

本书作者是刚成立的中华疑似文物甄别保护委员会的一名成员，如果该书鉴评的器物确系柴窑真品，那么它同本会其他鉴藏家同仁手中的历代珍赏一样，无疑将会成为弥补历史空白、传承华夏远古文明的实物依据，值得认真对待。在本书付梓之际，特以为序。

许　明

二〇〇九年十月于杭州

目录

《茶录》有云："饮茶以客少为贵，客众则喧，喧则雅趣乏矣。独啜曰神，二客曰胜，三四曰趣，五六曰泛，七八曰施。"赏柴亦然。秉承收藏鉴赏讨论中"谁主张、谁举证"的传统准则，故予每发议论，多附图以说明之。积一时之跬步，遂臻"百篇"之遥程。

同代异质做比较

"后周柴窑"确认证据之一：在清华美院举办的艺术品鉴赏研修班上，教师们均强调一个共同理念，即："同时代、不同质地的器物，其艺术风格是相通的"，对此留下了难忘印象。

下面分别从器形和装饰工艺等角度来进行比较，以此说明器物到代的事实。

五代十国（907–960年）处于唐宋之间，短短的几十年，在中原地区经历了五个朝代，战争频繁，民不聊生，但社会价值取向和艺术欣赏风格没有太多的变化，后周器物受到唐代中、晚期器物造型的影响，乃是顺理成章的事。这里只将“后周柴窑卷狮”与存放在故宫博物院中的那件“晚唐邢窑白釉狮子”的照片合并一处，以方便比较。无独有偶，后周柴窑鸭子水注与唐邢窑鸭子水匜、后周柴窑玉壶春瓶与五代白釉玉壶春瓶、后周柴窑镂空荷莲纹长颈瓶与唐三彩贴花长颈瓶、后周柴窑鹅形灯与唐三彩鹅形灯等器物，均在造型外观上颇相近似。

观赏此对太狮少狮摆件，相似点居多，正所谓：震目扬眉，张牙切齿，拱鼻朝前方问讯，支耳向左右打听。受身蹲伏，社稷神器启于周；双狮护佑，卫国保家五代人。

晚唐流行镂空雕

“后周柴窑”确认证据之二：本着“同时代、不同质地的器物，其艺术风格是相通的”理念，对后周柴窑的镂空雕装饰进行一番考察。业内皆晓，镂空雕刻盛行于晚唐五代期间，在耀州窑、柴窑作品上均有突出表现。自宋以降，延续烧造柴窑瓷器的过程中，此装饰技法逐渐式微。根据新华网介绍，凤饰玉器出现较早，但凤与花草，特别是与牡丹花合雕一器者，肇始于唐，清宫旧藏的“唐玉镂丹凤纹簪头”为典型代表之一。上图系后周柴窑、耀州窑镂空雕刻技法的比较；下图为后周柴窑作品与唐玉镂丹凤纹簪头的镂雕纹饰的比较。

龙头纹饰五代同

"后周柴窑"确认证据之三："同时代、不同质地的器物，其艺术风格是相通的"，依照此理念考察一下后周柴窑的龙纹装饰图案。

华夏传统图案，首推龙纹和凤纹。龙凤纹的画法处理，历来是鉴藏界用以研究纹饰和断定年代的重要依据。这里，单挑龙头做一对比。

五代后周柴窑上的龙头纹饰特点是：龙头双角分叉，后饰须发，凤目圆睛，张口吐舌，长舌呈上弯钩形，上腭细长，獠牙外露，下腭短须，旁饰一宝珠。

刻、划花，是晚唐五代越窑青瓷的主要装饰技法之一，观越窑器物的龙头纹饰特点，与后周柴窑相映生辉。

似曾相识燕归来

"后周柴窑"确认证据之四：本着"同时代、不同质地的器物，其艺术风格是相通的"理念，继续考察柴窑器物的造型。

从第5页上图的对比中，可见五代越窑执壶口上的盖，与后周柴窑执壶的塔式盖何其相似；5页下图中五代越窑执壶和后周柴窑凤首壶的壶盖上，均栖有一只小鸟，此乃五代时期承继之前唐遗韵，偶然性中包含着历史发展的必然性。

汉唐遗韵现禹壶

“后周柴窑”确认证据之五：“五代之制瓷风格，从宏观上看，仍继承汉唐之格调”，予认为师友鹏飞兄所言极是，从后周柴窑禹壶尊的装饰风格上，亦可略见一斑。

后周柴窑古人称为“禹壶”者（参见第61页“按图索骥须仔细”附图），

是否纪念“大禹治水”不得知。郭荣称帝之后，致力于恢复农业生产和休养生息，疏浚了疆域内的众多河流，效仿大禹功泽后世，何其相似。仅从制作工艺上，禹壶尊显然系仿造东周时期青铜器物制作，并且采用了类似汉画像砖的艺术表现形式，浅浮雕造型生动，体态逼真，线条刚柔得宜，对于了解晚唐及后周绘画与浮雕的发展状况，提供了极为重要的实物资料。

（下图为保存于山西博物馆的战国采桑人物青铜壶与后周柴窑禹壶尊作一造型比较）

黝然深沉光色殊

“后周柴窑”确认证据之六：从古人记述中寻找依据，是确认柴窑器皿的重要参考来源。

清初十才子之一的刘体仁（清顺治年间进士，官至吏部郎中）喜交游，与清初名人如孙奇峰、傅山、冒襄等友善，其晚年的鉴赏性著述《七颂堂识小录》

被收入《钦定四库全书·子部十》，据书中记载：柴窑无完器，近复稍稍出。马布庵见示一洗，圆而椭，面径七寸，黝然深沉，光色不定，雨后青天未足形容。布庵曰予目之为绛霄。

观赏下图“后周柴窑鸳鸯笔舔”、“后周柴窑独角兽”之局部光感，或将有助于领悟“黝然深沉，光色不定，雨后青天未足形容”的真实义涵。

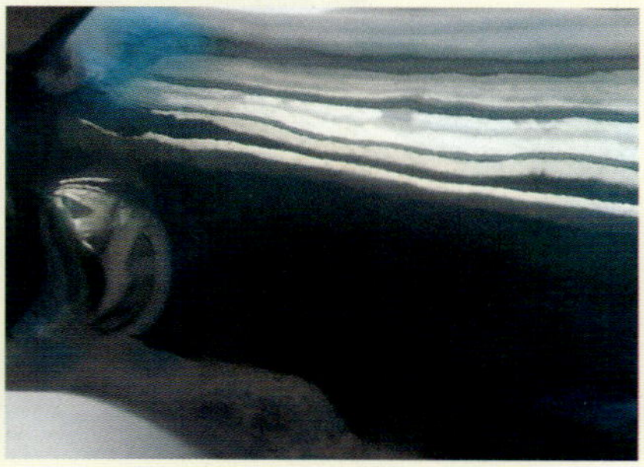

冠乎窑器独称佳

“后周柴瓷”确认证据之七：在乾隆皇帝的清赏之作《咏柴窑碗》一诗中，有“冶自后周遂号柴，冠乎窑器独称佳”之句。

后周柴窑器皿的器底或器身凸印“大周”、“柴器”、“柴”款识时有发现，正是“冶自后周遂号柴”的确凿物证。还值得提及的是，予所收藏的一件后周柴窑粉盒，底圈内凸印的篆书“华之瓷 柴为先 艺之佳 定为首”十二个字，是乾隆诗句“冠乎窑器独称佳”一句的绝好印证。

滋润细媚有细纹

“后周柴窑”确认证据之八：清人兰浦、郑廷桂在《景德镇陶录》一书中，评说后周柴窑瓷：“滋润细媚，有细纹，制精色异，为诸窑之冠”，还说柴窑瓷“久不可得，得到残件碎片，也当珍宝，用作服饰、帽饰；柴窑瓷片光芒夺目，如飞箭一般。”

尽管“光芒夺目，如飞箭一般”只能目视，而不能拍摄，但当人们凝视下图器物所展现出来的炫目光彩时，仍不由得让人百感交集：神秘的柴窑啊，我们真的有幸拜见了你的芳容！

一片水光神来笔

“后周柴窑”确认证据之九：乾隆三十一年（1766年），清高宗作《柴窑碗》：“色如海玳瑁，青异八笺遗。土性承足在，铜非钳口为。千年火气隐，一片水光披。未若永宣巧，龙艘落叶斯。”

乾隆皇帝对古代陶瓷向有研究，难怪其时有大学士梁诗正赞曰：“皇上……品鉴精严，研究周悉，于诸家工拙真赝，如明镜之照，纤毫莫遁其形。”就御题诗内容可知，他曾经深入研习过陶瓷的大部分文献，不愧有史以来，除宋徽宗以外，又一位堪称文物鉴藏大家的皇帝，“千年火气隐，一片水光披”真乃神来之笔矣！

这里的“色如海玳瑁”也很写实。安徽省鉴藏家方欣生在其2007年所著《柴窑初探》一文中曾经指出：“柴窑胎为灰白色，足端露胎处‘愁呈黄土色’，玻璃质釉面，釉层薄如纸，釉色有多种，除雨过天青色，倘有他色，有碧色、绛霄（深红或咖啡色或酱红色）、黄黑色、天蓝色带黑斑、黑色带黄斑，又有虾青色（河虾之灰褐色、而非海虾色）、豆青色、豆绿色等，而其中天青一色为最佳。”

根据笔者收藏阅历以及师友交流，通过对晚唐五代的后周柴窑实行分类对比，借鉴地质考古中的标型学理论，以为方先生的论述大抵与实情相符。其中，尤以海玳瑁色（深红或咖啡色或酱红色）品种为世所罕有，截至发稿前，除去本人之外，尚未见其他同好拿出具备同类釉色的实物予以佐证。

天蓝色调带黑斑

“后周柴窑”确认证据之十：燕山出版社《古瓷鉴定指南·增补古今瓷器源流考》中记云：“柴窑，予所见者，仅古物陈列所陈列之热河行宫所藏，大小两瓶及故宫所藏口碗数件而已，瓶式奇古，大者为黑黄色，小者为天蓝色带黑斑，似无红之均瓷。……其殿所藏者皆清以前历代之名瓷，置有若干木架，架上有屜，屜皆封锁。屜面有某朝某物若干件字样，知当时即世袭珍藏者。“作者邵蛰民和余启昌，皆为清末时人。余启昌因工作职务关系，经历了故宫库存文物的清点工作，后又于抗战前夕参加了古物国宝南迁的工作，其关于柴窑的亲历见闻可信度非常高。记载中提到故宫库存的柴窑小瓶有“天蓝色带黑斑”现象，师友鹏飞兄的解释为：柴窑乃用柴烧制之器物，以柴供温，其绝对均匀实难控制，而柴瓷胎釉俱薄，加上釉料配方特殊，故极易因受热不匀而造成色斑。然正因如此，而成为其鉴定依据之一。

寥若晨星观气泡

“后周柴窑”确认证据之十一：已故著名史学家、文物鉴定家史树青先生在其主编的《古玩鉴定辨伪1001问》中提到：不论古代瓷还是现代瓷都在瓷的釉下隐藏着许多极小的气泡……宋代名瓷都有一个共同的特点，釉下没有气泡，即便有也只是极少的一两个气泡，堪称“寥若晨星”，这一点对宋瓷最有说服力，总的讲，鉴定古瓷应全面比较，有釉色的“柔和美丽”、“玉质感强”、“光泽不刺眼”、“有湿润冒汗”的现象和看不到气泡等原则。

宋代名瓷尚且有此特征，况后周柴窑乎？经采用40倍镜对柴窑器物进行微观检视，果有应验。（附图：没有气泡或寥若晨星）

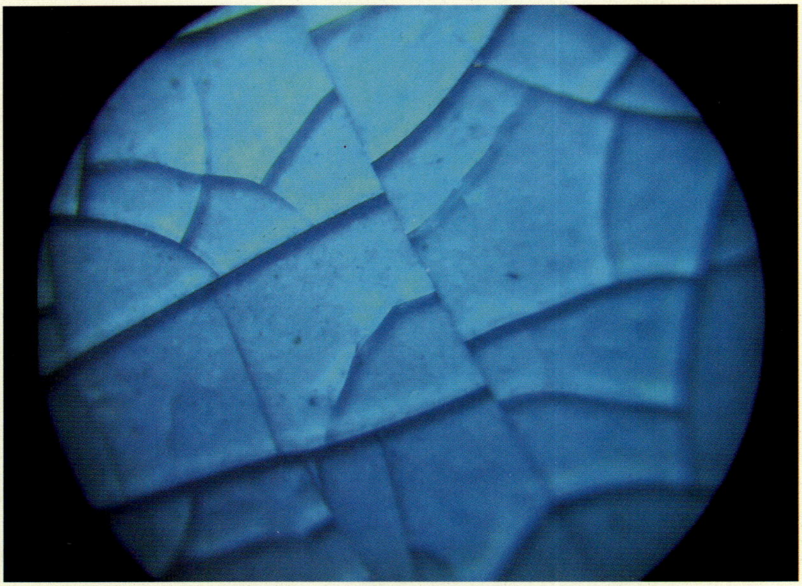

考古认定待圆满

“后周柴窑”确认证据之十二:从出土器物中寻找依据,乃是确认器物的决定性因素。故宫博物院专家耿宝昌先生曾指出:“现在仍然有人对柴窑的存在抱怀疑态度。这大概需要类似法门寺地宫出土物品对唐秘色的解疑一样,必须要靠墓葬或者窑藏更确凿的支持。”

从与窑址相关器物中寻找突破口,是发现柴窑窑址的捷径。柴窑窑址的考古发掘,将为柴窑瓷器的认定事宜画上句号。《西安晚报》2009 年 8 月下旬曾经刊载题为《西安出土古瓷是否柴窑瓷 》的新闻报道,文章摘引故宫博物院专家耿宝昌先生的话讲:“破解柴窑,不但是震惊中国,而且是震惊世界! 意义重大而深远! ”国人无不翘首盼望这一天的早日来临。

收藏界期待着这样的发现,之前偶然会从网络发布的照片中发现一些蛛丝马迹。(附图源于在线网友所摘引的国外资料,此处经合成处理)

莫衷一是论宋柴

提出这一论点，皆因客观情形使然。根据民国古玩大家赵汝珍先生的观点，北宋柴瓷粗分就有东京之东窑、永和吉州窑、其他小窑杂窑制造三大类，当年制成品已属不少，自然不乏有上品佳器留传下来。

浏览近些年的收藏论坛，研究柴窑而有建树者寥若晨星，专事研究者更是凤毛麟角。但是大家愿意关注和研究却是不争的事实。从近些年的报道资讯来看，深入研究柴窑陶瓷器已经成为收藏界的一桩夙愿。

自改革开放以来，古代器物面世者确实为数不少。加之满足收藏大众寻宝热情，各地逐渐衍生出了一些作坊，借助现代手段的民间仿古高手，不仅丰富了北宋柴窑的釉色，还创新了形式。此类行径虽然不过才四五年光景，业已铸成仿制北宋柴瓷最为集中的一段历史。单纯以收藏视角来看问题，确实给本就复杂化的北宋柴窑的鉴赏识别，添了好大一个乱！

仿器流向趋势考

母智德先生曾经在《柴窑与柴窑研究》一文中提到:“柴窑的仿制,大多出现在近期,特别是近一二年。”又称:“世宗柴荣的义弟赵匡胤在建立宋朝的初期,是否续烧柴窑,至今不得而知。但是可以肯定,赵匡胤不可能今天登上皇位,明天就下令停烧一手培养他、提拔他的义兄周世宗所苦心创建的柴窑。至少,在赵匡胤执政初期,续烧柴窑瓷器的可能性是很大的。至于后周以后的历朝历代有没有仿烧过柴窑,我认为可以基本肯定:没有。”“清代康、雍、乾三朝,是瓷器仿古之风最为盛行的时期,宋代五大名窑以及明代各朝之器,可以说是无所不仿。但是,至今没发现有仿柴窑的记载与实物传世。

根据笔者对禹县仿古市场的多次调查,柴窑成规模的仿制始于 2006 年,距今有近四年光景。予曾在 2007 年广州文物市场上见识过一定数量的仿制品,那时看上去多是 15~18 公分高度的小件,后来紧跟着出现了尺寸高度 30~

40 公分左右的大件。考察近年的仿制趋势，伪品呈现出多样化、智能化倾向，如仿作水锈和土沁，器物上镌刻纹饰和字款的普遍增多。琳琅满目的仿制器物，或许已经有相当一部分流出了国门。前不久，笔者再赴成都送仙桥文物市场作了调查，正像头两次那样，不仅没有发现后周柴窑和北宋柴窑，甚至连柴窑仿制品也未见到，由此确信柴窑仿制品的流向主要以海外市场为主的判断。

旧时王谢堂前燕

后周政权解体之际，紧随着赵宋王朝的建立，先前归属于御窑的柴器生产，势必受到改朝换代的巨大影响，作为皇家欣赏、赏赐器物的地位随之演变，柴窑连同所生产器物开始“失宠”，生产活动或曾短暂停顿过，原有的规范化管理必将受到冲击。

为生存起见，窑工群体势必会将目光瞄准民间，重新确立营销方向。如同国内企业应对全球性金融危机，在面临外贸不畅的情势下，则势必会努力地扩大内需一样。

在此，予将后周至北宋过渡时期的柴窑瓷器，作一番粗略表述，留待方面研究的深入进行。

过渡期柴窑的称谓，更多反映的是器物的时代风貌，并非单纯作为时间界定概念。在此根据予所接触到的实物提出以下假说：

（1）器物形制，由单纯陈设器具向实用器物方向转移；

（2）色调风格，打破单一色系的束缚，开始有了向多色谱方向演变的取向；

（3）观赏其器物的古穆沧桑感、特殊釉光和裂纹特征，与后周柴窑器皿以及北宋柴瓷似有明显区分；

（4）御器柴窑在转向实用性和民间化的进程中，尽管“王者风范”犹存，但器物精美程度显然会要受到一定的影响。

（附图由菩提网友所提供，白纸上文字为耿宝昌先生根据碗底款识所摹写）

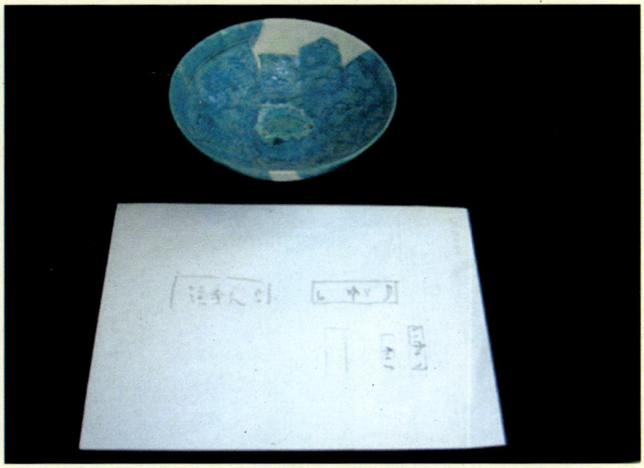

野旷沙岸秋月明

历史上其他王朝“抑商”，惟独宋例外。开国之初，宋太祖赵匡胤就倡导“多积金，市田宅以遗子孙，歌儿舞女以享天年”；此后，宋太宗“令两制议政丰之术以闻”；至宋神宗在位时，“政事之先 ，理财为急”。

如此重视经济的思想，一直贯穿于整个宋朝。伴随着社会生产力水平的提高，宋代经济突飞猛进，商品生产与交换的兴起，使得社会物质财富充分涌流，理学、文学、史学、艺术以及科学技术领域硕果累累。

宋朝在推进经济发展的同时，十分重视文化教育，学术成就极高，中国文化至此更趋精深成熟。物质生活的富足，精神追求愈发迫切，审美的情趣，直接促成了诗词、歌赋、杂技、戏曲、民间音乐、小说、书法、建筑等艺术形式的繁荣，木雕、竹刻、漆器、碑帖、印章、铜器、金银器、牙角器，乃及笔、墨、纸、砚等工艺水平也都有极高的造诣。

陶瓷文化，是我国古代的精英文化和草根文化的综合体现，是雅俗共享的文化载体。

由于宋朝历代统治者的推崇与喜爱，上行下效，陶瓷艺术有了长足发展。在大宋王朝的历史背景下，琳琅满目的柴窑器物分外夺人眼球，北宋柴瓷以其器形之精巧、色彩之斑斓、书法功夫之形神精妙、绘画技法之纯熟卓越，令人叹为观止！

（附图中藏品由藏友提供于说宝网，此处经由合成处理）

落日辉煌观华章

北宋朝历九帝，前后一百六十八年。前期（960–997 年）即宋太祖、宋太宗统治时期，推行经济制度改革，如规定地方财政每年赋税收入，除支度给用外，凡属钱币之类，“悉辇送京师”；中期（998–1099 年）即宋真宗至宋哲宗统治时期，是北宋的重要发展阶段，标示改革的庆历新政和王安石变法，均发生于这一时期，农业经济的迅速发展，促进了手工业、商业的发展，大小城镇贸易盛况空前，纸币的出现及广泛使用，具有划时代的意义。这一时期也是宋代科技文化的繁荣时期，闻名于世的指南针、印刷术和火药三大发明，在这个阶段得到了开发和应用，值得一提的是，北宋的陶瓷等手工业，在其生产规模和技术上也都超过了前代。

北宋柴窑经历了前期的短暂过渡后，开始迈入发展阶段，直至北宋中后期出现回光返照，完成了向巅峰的最后冲刺。笔者于 2008 年写作《柴窑瓷器的分期刍议》时提到：“事实上柴窑器的发展顶峰，即最完美的柴窑器物（注：此处

特指视觉上好看，且文化氛围浓厚）也未必是在头七年（指后周）就完成了的。”此处猜测，同好罗一山、李进等师友的藏品或许是处于艺术高峰期的北宋柴窑的真实写照。其生产年代，似可顺延到（1100–1127 年）即宋徽宗、宋钦宗统治时期。这是对去年判断“北宋柴窑终止于宋哲宗二年（1086 年）开启官汝窑生产之际”一语试作微调。其参考信息有不少，其中一点缘于台湾嘉义朴子先生（成化堂）在其《柴窑再现》一文中提到的：“笔者现有一支北宋紫色小官窑，瓷壁上即有宋徽宗亲自以金粉（隶书）书写的诗词，字体虽小但相当漂亮完整。”只惜未见公示，由此决定了予此次“微调”尚处于不稳定状态中。

金门生财正逢时

在 2009 年 5 月 15 日至 22 日召开的首届海峡论坛上，不少专家表示，应充分利用海峡西岸经济区的先行先试优势，加快两岸在金融、高技术产业以及基建等领域的合作。还有专家提出，海西经济区未来在适当情况下可以演化为海峡经济区，促进闽台地区的大繁荣和大发展。根据国务院日前出台的《支持福建省加快海峡西岸经济区的若干意见》，海西经济区作为两岸交流合作的前沿平台，将允许在一些重大改革措施上先行先试。可以说，海峡西岸经济区的构建必将带动相关区域经济快速发展，并有望成为我国经济发展的第四个增长极。

鉴古知今，推陈出新。“政事所以理财，理财乃所谓义也”，乃是宋熙宁三年（1070 年）王安石任宰相时的主张，这与开国之初宋太祖赵匡胤倡导的“多积金”理念是一脉相承的。宋人的理财观念，届时反映在北宋柴窑器物的文字书写上，为数还真不算少。有趣的是，器物上的“金门生财”、“生财发福”看上去仅有四个字，但不论如何开结，皆朗朗上口，譬如依次读作：“门生财金”、“生财金门”、“财金门生”；又如“财发福生”、“发福生财”、“福生财发”。今日之摹仿古制者，不妨也来参与保护这一份物质文化遗产。

拨乱反正勘宋柴

对于北宋柴窑，有人呼谓宋仿柴器，或称之后周官窑。予以为，还是叫做北宋柴窑来得妥帖一些。

当前人们习惯于侈谈宋仿柴窑，究竟成因，无外乎两条：其一，对于柴窑分期的认识尚未深入人心，以往不仅后周柴窑难得一见，偶尔发现几件宋代柴窑器物，极容易被误作后周柴窑看待；其二，在民国鉴赏家的著作中，曾有笔墨提到宋代仿制柴窑的情形，以致以讹传讹，留传至今。

"既有后周柴窑存在，也有北宋柴窑的存在"乃属事实。在事实面前，达成共同遵守的鉴赏规则就成为正当与必须。予以为，勘定北宋柴窑亟待拨乱反正，似由以下四理促成：

第一，拨乱反正符合社会心理。例如：当我们面对一件元代钧瓷时，没有人会叫它作元代仿宋钧，直呼"元钧"就可以了；同理，称呼明代龙泉窑的作品，断代时都只管叫它"明龙泉"，不会有人画蛇添足地称呼其为明代仿宋代龙泉窑。单纯从收藏心理层面来讲，假定将一件本是当年创作设计的器物，而称呼其为摹仿前朝制成品，造成对器物本身名誉贬损不说，收藏家个人也会倍感不

悦。

第二，拨乱反正需要科学精神，遵循实事求是。北宋柴窑的从设计到制作，从烧制到铭记，无论是釉色、器形，或是款识，可以说与至今发现的后周柴窑泾渭分明，少有相似处，仿制依据明显缺位。

第三，拨乱反正必须立足于客观情势，站得住脚。当有人拿来一件印有宋代宫名款的柴窑器物，硬要将它说成是后周器物，自然无法自圆其说。同样，对于这类器物，先前本就不存在仿制路径，却要定为当时仿品，究竟有何意义呢？

第四，拨乱反正宜早不宜迟。适逢正在开展的网络柴窑大讨论，收藏家们打起十二分精神来弘扬祖国传统文化，柴窑器物步履蹒跚地登堂入室，开始进入人们的视野。如果初期不争辩清楚，任由一种不确切的称名泛滥开去，形成业界集体无意识，将来拾掇起来势必会要大费周章。

柴窑分期贵求是

早些年，笔者曾经拿了一件柴窑瓷器找专家鉴定，一位前国家文物鉴定委员看后说，我八十岁了还从来没有出具过柴窑鉴定证书，今天这件我给你出。当时，兴奋之余又对其所开具为宋代提出过疑问，老先生回答说，此件只可到宋。及至到了后来，等我见识到了真正的后周柴器时，才算恍然大悟。回首往事不胜感慨：毕竟老先生见多识广，原来柴窑器皿是应予分期的。这或许成为了后来撰写《柴窑瓷器分期刍议》一文的缘起。

赵汝珍编述的《古玩指南》被公认是一本收藏界好书，赵是清末大理院少卿、著名古玩家余戟门的女婿、琉璃厂萃珍斋的东家，对古玩有广博的知识。该书记载“论瓷器者，首曰柴、汝、官、哥、定”，“而最著名者，为后周之柴窑，为中国古窑之代表”。可见，赵老先生的心中也是将柴窑分期的。

《古玩指南》最早提出宋代仿制柴窑的命题，如云：“柴器宋时仿者甚多，如汝窑之淡青、豆青、虾青等色，皆仿柴器为之者，江西永和之吉州窑，亦多专仿柴器，东京之东窑，亦专以仿柴为主，此皆最著名者。若其他无重要之小窑，杂窑所仿之器，更不能屈数，其仿之佳者，在当时每足乱真。”这里提到的宋时仿制，自然还掺杂有借鉴吸收的广泛意义，暂且不表，我们仍有充分理由认为，其实“柴器宋时仿者甚多”一句或系赵老先生的误判。正确理念见诸于笔者草拟的《柴窑瓷器分期刍议》一文："与其将其说成是北宋初期仿制柴瓷，倒不如认为是柴窑瓷器烧制在此期间的合理延续与正当传承。"两年时间过去了，予仍然持有这一学术观点没有动摇。

亮丽风景一道釉

每一位鉴藏家在漫长的收藏实践中，都会逐步形成个人经验，这些体验认识通常秘而不宣。一方面，这是收藏家个人在经历了痛苦和曲折，蒙受了经济损失之后的经验总结。通俗话讲，这些均是以缴学费为代价换取来的。以往予认为，收藏心得及其经验在小范围交流可以，却不方便公诸于众。保守理念基于两点：其一，不愿意让仿制者根据此信息，刻意改进工艺；其二，担心以不够成熟的探索性认识，引发错误收藏导向。

今日予改弦易张，将鉴藏中的一点秘辛公之于众。当然事物皆有两面性，公开后仿制行径接踵而至，因此经验失效概率会增大。但在此之前，已经入藏的疑似北宋柴窑器物，仍然可以纳入鉴藏参考标准。予在公布"一道釉"疑似标准同时，须郑重地申明：不是说没有"一道釉"就不能算是宋柴，只是表明，有了这"一道釉"作为保障，判定为宋柴的概率无疑会增大，疑似北宋柴窑中一旦出现此现象，其他同期、同源入藏的器物，即使未现此征貌，保险系数还是有的，再辅之以其他综合性手段，予以判真伪、断年代。

"一道釉"是指在宋柴的釉表，靠近器物中、下部位，有一道宽窄不等的环形釉面箍护着器物，仔细审视，会发现此处略微高出两边，像似在施釉时多涂抹了一层。经历了近千年的地上地下尘埃、空气以及微生物等的侵蚀作用，器物表面的其他部位的受蚀状态，明显要比釉层较厚处严重一些，外观上自然而然地形成一道亮丽的"风景线"，此为鉴识特征之一。

形成"一道釉"的机理目前尚未明朗，可能是受到北宋柴窑制造工艺的影响。在不明就里的情形下，由于客观上的确存此类现象（参见M、L、P三位不同藏主的宋柴藏品），因此不妨秉持古玩文物鉴藏中的"唯象" 主义。

宋时柴窑见青花

西安鉴藏家罗一山兄在《柴窑器研究》中提到“柴窑器中的釉下青花瓷”现象，他同时指出：“《中国陶瓷》第455页中说：‘几乎中断了近四个世纪的河南巩县窑青花烧制技术。在江西景德镇突然重新放出光芒。这是一种历史在更高阶段上的重演。’但是谁也不知道五代后周柴窑器把唐代河南巩县窑青花烧制技术的历史已经重演过了。正因为没有见过柴窑器，所以也就不知道柴窑釉下青花的存在和它的美丽。这种钴兰釉有整器装饰的，也有纹式装饰的。在不同釉色中都有点缀的钴兰釉色，用的是国产料，没有铁锈斑。”

难能可贵的是，人们还能从其在线发传的图片中看到举证的实物。唯一与兄台存在分歧的地方，是予坚持认为，这批罗氏精藏的柴窑器物断为北宋时代，要比后周来得稳妥一些（除却淡青色那两件，如六方犬耳细颈瓶、鸭子水注可断为后周以外）。依此分期断代后，初步得出的结论是：青花烧制瓷器的历史当以唐代巩义窑属最早，而新的举证表明，北宋柴窑器物中既有整器装饰的钴兰釉，也有纹式装饰的釉下青花。这样一来，不仅增添并夯实了历史传承之物

质载体，也使得古陶瓷文化过渡地带更趋丰满。

（附图藏品来源于台湾嘉义成华堂，整器装饰钴兰釉的藏品源于西安鉴藏家一山兄）

神垕市场新发现

收藏古玩者为了避免“打眼”，通常要对仿制品集散地进行实地调查，如同侦察员在战前，深入到敌方前沿阵地，实施火力侦察一样。“没有调查研究，就没有发言权”，道理浅显而又深刻。前面提到收藏古瓷之翘楚——后周柴窑的可能性，那是从宏观上讲的，但若微观上疏忽大意，吃败仗的几率会大为增多。予先前玩紫砂器皿时，曾经先后去荆溪宜兴参访过多次，热衷于苏麻离青瓷器后，又曾十余次下江西景德镇考察，偏重于鉴藏柴器以来，往来禹州的次数相应增加，掐指算来亦有五番回合了。如此频繁调研，为的是最大限度地避免收藏人士常犯的“吃药”毛病，同时快速提升鉴藏实战经验。实话实说，鉴藏古董确是“快乐并痛苦着”的营生，缺乏受挫心理准备和意志力薄弱的人，最好还是不要轻易地误入“歧途”。

在此将新近对古玩市场的考察情况，向同好师友作出汇报。同时也希望诸位方便时，将随处发现的疑似器物张贴出来，以丰富彼此的见闻，相互配合，详尽掌握第一手资料。如此一来，发现柴窑、填补空白的工作或许会开展得顺利一些。

不久前去神垕调研的一大收获，是见到了“过渡期柴窑”的仿制品。所谓“过渡期柴窑”，在俺的赏鉴理念中，不单纯只是时间上的概念，更多是指那些处在特定历史转折时期所生产出来的柴窑品种，它介乎于后周柴窑与北宋柴窑之间，属于过渡型器物，是随着朝廷更迭，后周柴窑悄然发生变化，并向着实用性、民间化流变的时代迁延期的作品。一般而言，禹州地方对“过渡性柴窑”的仿制，不仅光色近似，且带有开片，如果有机会上手加以甄别，仍不难以分辨其仿制伎俩。

生烧现象事有因

唐宋时期，烧制瓷器有“重器不重质”之说。一位研究汝窑的专业人士曾经畅言：“就陈设瓷的整体艺术效果而言，釉比胎更重要，釉色和质感必须做到尽善尽美，而胎没有达到完全致密化关系不大，所以当时为了得到玉质感釉的艺术效果，汝窑的工人有意识地使烧成温度偏低，使大部分产品的胎处于不同程度的微生烧状态。说到的‘生烧’、‘微生烧’、‘正烧’、‘过烧’都是指釉的烧成状态而不是胎的烧成状态。” “汝官窑胎要达到完全致密化或接近完全致密化也并非难事，但汝窑工人并没有这样做，其中必有原因。原因之一是汝官窑的釉都是石灰釉，烧成温度不能太高，否则就会严重流釉；原因之二是汝官窑是宫廷陈设瓷，其价值主要体现在产品艺术外观上，包括造型、做工、釉色、釉的质感以及纹片等方面。”由此可见，官窑器物的“生烧”是追求釉面效果的不二选择。

柴窑瓷器的“微生烧”远比汝官窑要早。有研究者认为：“柴窑乃用柴烧制之器物，以柴供温，其绝对均匀实难控制，而柴瓷胎釉俱薄，加上釉料配方特殊，故极易因受热不匀而造成色斑。”柴窑器物的“天蓝色带黑斑”，既有前人据皇宫实物作蓝本，又有藏家秘珍为示范。其实“天蓝色带黑斑”本来是烧制中出现的“瑕疵”，而今却演变成为后周柴窑的鉴定依据之一。

根据常识，我们假设柴窑的烧结温度或许是在800~1200度之间。但仍不妨得出结论：后周柴器的“微生烧”是为避免产生过多黑斑，而汝官窑调控温度是为了防止流釉。生烧现象发生的原因，正是古代窑工为追求官窑器物达到最佳感观效果，于烧制瓷器中的对烧结温度所采取的调控所致。

福及柴窑宝库火

我国汉字的确奇妙无比，标点符号标在不同部位或者采用不同的标点，均会直接导致义涵的转变。如那句出了名的“下雨天留客天留客不留”，加上不同的标点，可以演变成为不同语气的句子：（1）可以是陈述句——下雨天留客，天留，客不留。（2）可以是疑问句——下雨天，留客天，留客不留？（3）可以是问答句——下雨天，留客天，留客不？留。未曾料到，相似一幕竟然会在后周柴窑的鉴赏研究中发生。

塞翁失马，焉知非福。后周显德年间的一场大火，确实是烧出了奇迹，带来了福气。清代无名氏《南窑笔记》载："柴窑周武德年间宝库火玻璃玛瑙诸金石烧结一处因令作釉"，文物界知名学者赵自强早在2005年所作《千年柴窑探秘》一文中，对前述断句为："柴窑，周武德年间，宝库火，玻璃、玛瑙、诸金石烧结一处，因令作釉。"只惜赵先生未对此作出诠释，以致后来人们引用时错谬百出，如"周武德年间，宝库火、玻璃、玛瑙、诸金石烧结一处"，又如"周武德年间宝库，火玻璃、玛瑙、诸金石烧结一处"，或为"周武德年间，宝库火玻璃、玛瑙、诸金石烧结一处"。出于语意区辨以及理解歧义，人们因此将其理解为周世宗郭荣本人的独门绝技，伴随郭荣去世随之失传；甚至有人煞费工夫去钻研何物为"火玻璃"和"宝库火"，钻进了死胡同。

藏友 focus 兄对此不以为然，遂作白话通解："柴窑，周世宗显德年间，皇宫宝库偶起火灾，那些玻璃、玛瑙、诸金石因高温而烧结在了一起，因而世宗突发奇想，这样的材料何不用来烧制瓷器呢？于是下令以其做釉料，烧造瓷器……一次无意的事故成就了瓷器釉料的创新和改进，就像瓦特看到壶盖因水壶内沸腾的水而跳动一样，真应了那句话：机会垂青那些有准备的人；试想如果没有周世宗对瓷器烧造的热爱，没有世宗本人的眼前一亮，断不会有人在那个时候利用这么好的机会的。"F 兄的开释，使得大家伙儿恍然明白，消除了先前对于后周柴窑特殊釉面形成的误解。

此例留下不大不小的教训：对于那些来自远古的书籍记载，在认真加以分析的前提下，还要提倡辩证思考，使之符合事物的逻辑发展，以求再现历史真实。避免囿于某种误判或者误读，自设杂树屏藩而未能自拔。仍以前句为例："周武德年间"，如不改称"周显德年间"，简直就令人动弹不得！

柴不易得古今谭

从古到今，谓柴器不易得者甚多，摘其要者录之。论述最为系统的莫过于民国古玩大家赵汝珍，他在《古董辨疑》中，条分缕析地述说了不易得的理由："柴窑真器今日绝不易得，瓷器以秘色为最古，次则为柴窑，而柴窑之特点四，薄如纸为四特点之一，此尽人所知者夫。近代厚如盆之康乾瓷器已极不易得，而谓薄如纸一碰即破之，柴器尚能存至今日乎。后周周世宗当国甚暂，所烧瓷器原即有限，而佳者尤微，在宋时已极难得。明代严氏父子假天子之力，经数十年之搜罗，仅得十余器，真伪尚不能十分确定。况今日又历数百年之沧桑，无量数之变乱乎！历时既久，变乱又多，真器只有损毁而无增加，其为数必与日减少。故今日故宫博物院存有柴器尚属合理，若谓私人尚有收藏者，设非出自宫中，吾信其必伪也。且多年以来，社会风习以柴窑之残器、碎片制为绦环玩具，已为世所珍，又谓得柴窑之残片佩之可以祛妖毒、御矢炮，是均证明柴器之不易得也。因柴窑完器之不可得，故造此神话以惑世。如柴器传世甚多，时可发现，则必无此谣言，有之必可证明其不灵。因无柴器之可得，是此谣言之所以能存在也。且今世故宫所存之柴器，其真伪亦无法确定。盖柴器既系人力所造，则后世即能仿为。后周以偏安之局尚能为之，宋室以全国之力安知其不可及也？

故今日存之柴器未必无宋时仿造者。总之，只要青如天、明如镜、薄如纸、声如磬，滋润细媚有细纹者，再不背于时代，便谓之柴器可也。至于是否确实出柴窑，则已无法追溯矣。

再行斟酌，导致“柴器不易得”不外“贵”与“秘”：一是贵。柴窑其品之高，历代古瓷莫过于此。以至于后世将其碎片亦等诸珍宝，视若拱璧。“柴窑之贵，在于其少。明代人就很少见到柴窑，在当时得其碎片亦与金翠同价。至近代，据说民国初年在北平的古玩市场上偶有出现，稍大碎片须四五百银元，且是否为真也大有疑问，所以世有“片柴值千金”之说。二是秘。某世家之后祖传一碗，家谱有记“柴窑”，有人几次求观不允，不知真假。《博物要览》则称柴窑“明代已不易见，近筑路掘出瓷器颇多，间有类此者，尚于某公座上见之，或者天壤奇宝不肯，终秘人间耶”。

那么，果真柴窑随着逝去年代一去不复返了吗？予以为，赵自强先生 2005 年在《千年柴窑探秘》一文中所作研判较为客观：“柴窑作品如今还有否存于世呢？笔者认为是有其物存在于世的，正如‘秘色瓷’一样，有其物存在于世，未曾在陕西扶风法门寺地宫发现有明确记载秘色瓷实物之前，人们不知道秘色瓷就是越窑的精品。又如元代青花，上世纪 50 年代以前，人们也不普遍真正了解元代青花真面目。现在人们对柴窑的认识亦如此，如真的见到实物亦不知它的存在。”（图为西安钟鼓楼博物馆 2009 年举办的千年之谜——“柴窑”文化标本展活动场景）

纷然涌现为哪般

柴窑器物珍罕难见早成共识，至于明嘉靖年间，首辅严嵩假天子之力，收罗民间仅得十余件之说，尚在业界广泛流传。但为何眼下仍不时会冒一些疑似器物出来？其实分析一下，倒也不难解释。

友人鹏飞兄曾云：有前辈及师友提及柴窑乃稀世之珍，前所有闻，然绝未见，然今日之成批涌现，实难理解。以余之愚见，或可作如是观：古云柴器之不易得，物珍奇罕，固是主因，而信息落后，具直接关系。古人虽隔一州郡，便已音讯难通。今日之科技发达，瞬息千里，海南雷州若有人网上亮宝，一分数秒，北国珍宝岛之网友，便以明了，至令今日之宝器"频频问世"，此其一也。"柴窑"之美，人所共赏，当年纵未知其为何物，然面对精品，收藏之意欲丝毫未减。时至今日，一旦有人提出，疑为稀世珍宝，即纷纷亮相，以冀求证，亦属正常之举。当知今日"柴器"之"纷纷涌现"，实乃多年积淀之未发蓄势，绝非雨后春笋之即时争生，此其二也。至今为止，"柴器"之亮相，含真连伪亦仅约百件之数（地

摊货除外），比之“元青花及汝官瓷”，则更显珍贵难逢，相对而言，则亦在情理之中，至于百器之中，真品几许，或有否真品，则有待诸君考证矣。此其三也。柴窑之探索，若背离“世宗之御批”，或违忘曹昭之“四如”，或篡改欧阳修之“论柴”，则一切努力，将成徒劳，甚至为南辕北辙。以余之愚见：除了能有幸觅得窑址外，上列数点，恐怕是寻找柴窑之仅有依据矣。

本篇札记多摘引鹏飞兄所言，皆因其条理清晰且论述充分。予以为此解大抵成立，欢欣认同。（此图系与洛阳市鉴藏家紫缶翁逢君兄、福堂兄等赏柴交流时现场拍摄）

“鸠占鹊巢”一天青

“天青色”自古就是柴窑瓷器的专有名词。最初说法，源自于清《陶说》“后周柴窑，周世宗时烧者故曰柴窑，相传当日瓷器式世宗批其状曰：雨过天青云破处，者般颜色作将来”的典故。明洪武时曹昭作《格古要论·古窑器论》中记载：“世传周世宗柴氏时所烧者，故谓之柴窑。天青色，滋润细腻，有细纹，多是粗黄土足，近世少见。”《博物要览》论及柴窑，称其“青如天，明如镜，薄如纸，声如磬”。

此外，柴窑又以碧色著称，古代典籍中间有记载。据《居易录》云：严柱峰付宪会展示柴窑碗之一，碧色，形制甚古，流光四射，非哥、定、宣成诸窑可比。清王渔洋（士祯）《香祖笔记》中谓“贵人得碗一枚，其色正碧，流光四照，何其幸与”。

今时，福建省鉴藏家苏解放在其《论中国瓷皇“碧光釉的柴窑”》道出：遗憾的是从来没有一件汝窑瓷有碧光。真是婢学娘样，难得像青瓷王冠的宝石晶莹透亮、碧光灿烂的柴窑瓷那么完美漂亮。碧光釉有特殊的矿物原料，柴窑匠人生产工艺又有它自己的独特方法，碧光釉能抗拒外界长期对釉的腐蚀老化，柴瓷外表看好像是玻璃釉，实际和任何窑口和耀州窑系的釉都不一样，把柴窑碧光釉瓷不论放在灯光下还是放在太阳光下，刚看是复色釉，瞬间就出现色釉分离、沉淀现象，柴窑瓷在内外因多方面和其他窑口瓷都存在差别。该兄台定是有其真品柴窑上手欣赏的经历，方才对后周柴窑瓷器的碧光釉质光感，做出如此清晰的描述来。

柴窑器皿的“去天青色化”，而被汝窑瓷器取而代之，均是“世不得见”的因素所促成。真正说来，柴窑釉色的“天青色”帽子，被汝窑瓷器“鸠占鹊巢”所取代，那还是前些年刚发生的事情。讲故事的主人公叫刘建国，他在所撰写文章《五代柴瓷之我见》中提到：“笔者在柴瓷研究过程中，发现了一个重要的疑题：古人记载的天青色釉和当代人认定的天青色釉是否相同？《新增格古要论》柴窑篇中把柴瓷釉色记作‘天青色’，汝窑篇中将汝瓷釉色记作‘淡青色’。两种瓷器釉色根本不同，并不是同一瓷种釉色深浅之别，而是两个瓷种使用了不同的釉料配方。两大瓷种根本有别的另一原因是汝瓷属北宋首创，与五代柴瓷无关联。柴瓷和汝瓷明代宫廷收藏有实物，相信文献记载是经过比较区别而言。清凉寺汝窑遗址经六次发掘后，在2001年中国古陶瓷学会汝州年会上，会议代表确认汝瓷釉色是天青色，以故宫传世汝瓷釉色为代表。明代人把汝瓷釉色记作‘淡青色’，当代人却称天青色。时代不同，称谓有别。汝瓷在当代占据了天青色釉称谓。”刘兄引经据典，有凭足信，据实陈述，当不为谬。

予以为“鸠占鹊巢”在理，谁让个侬柴窑占着“天青色”的位子不出恭哩？再不挺身而出怕是不行的了，君不见钧窑、定窑、越窑、鼎州窑、耀州窑、湖田窑、平和窑等等，全都虎视眈眈地窥视着，欲伺机篡谋“瓷皇”之位么？（哈哈）手中握有周柴的同好，理当踊跃“献宝”，如若单是秘藏而不附议，实乃对后周先民之大不敬，拟或导致五代柴窑“在雷峰塔下永沉埋”欤！

苗声催泪恐无戏

第二届郑州柴研会上，据一位离退休的省报新闻记者老苗言称：“经过了四十多年的历炼，包括在职时的业余探索与研究，离休后的努力奋进，至此才有了一个自以为比较理想的成果，也自知它不过是冰山一角。”“在河南开封县周围系统排查寻访，后到中牟境内寻访，曾经三下陈留，四访朱仙镇，无数次往返于中牟县南北的十里铺、七里岗、姚家、官渡桥、卢医庙以及郑州近郊等地，把从宣传文化部门以及民间捕捉到的线索，再拿到实地去考证，直到一一得到证实为止。”“在我对中牟县柴窑村、郑州郊区的柴郭村和陕西西安北部三原县的柴窑塬专门考察之后，觉得也都不具有制瓷烧窑的自然资源条件和地理环境，纯属历史上地名之偶然巧合，即行排除。”“在此两年之前，我幸然发现在距离窑址几十公里的一农家大院农民挖地基时挖出的数箱窖藏似柴之瓷，经陆续收藏所得反复比照古文献记载的柴瓷特征之后，觉得全然相符，是隐秘数百年的柴窑柴瓷无疑，加之大部都是宫廷礼器，器物极其精美罕见，还有一些铭文佐证。至此柴窑柴瓷的隐秘已全面揭开。”

有一说一，当会议主持人提到记者苗老发现了柴窑窑址时，引起了全体与会者的浓厚兴趣，但是当其拿出实物照片来举证时，予等不免怀有惘然若失之感。苗老这些年来对于柴窑窑址寻访的执著，和对于柴窑鉴藏研究的钻研精神是足以令人敬佩的，但其结果却不能不让人为之扼腕。予相信苗老所珍藏的这些器物，无疑是十分精美的、有着悠久历史的古代瓷器，但它们是不是传说中的柴窑呢？尚须打上问号。至于那些佐证铭文，或许不会与后周政权有何干系。情景到底如何，还是等待中州古籍出版社的《柴瓷》发行以后，再瞧罢了。

故宫柴窑今安在

《增补古今瓷器源流考》之柴窑篇，就有关故宫柴窑有明确记述。问题是故宫柴窑自此便销声匿迹。果真如传言那样，由当时国民政府在撤离大陆时携运去了台湾岛，那么可能的存放地点就只有台北故宫博物院了。又据孙玮所撰《王世襄追讨抗战被劫国宝经历》披露：从 1945 年 11 月起一年期间，王老在平津地区经手清理的战时文物工作有六项，包括“收购民国最著名的收藏家郭觯斋藏瓷二三百件”这一项。据悉，觯斋藏瓷中那件后周柴窑，首当其冲地被收购进宫入库。由此合计，故宫当年所藏后周柴窑，有大小瓶叁件、碗数枚。

数十年过去了，这些旷世奇珍，至今未见展出以及相关消息报道。人们不禁发问：故宫旧藏柴窑器物，如今安在何处？有消息称，台北故宫展出文物是常换常新的，何时有可能轮到“秀”柴窑呢？（图片

源于网络提供）

安宅两字细考辨

小篆：安。从女在宀下，宀音为绵音，其像有如四面有墙，而上有覆盖之屋舍形，本义作“交覆深屋”解，乃交相覆盖之屋，有堂有室是为深屋。从“安”字的结构，可以意会到屋舍内，妇女能安家便安。试看一家之中上从婆婆、媳妇或妻子、妯娌、女儿，这几种角色，如果都能各守其位，发挥女性娴淑、婉约、细致的德行，则其家可治繁荣，必然兴盛，代代出贤子孝孙。故妇女确实有维系一家安定的力量。故古来“男主外，女治内”，非常有道理；因为家庭健全，社会才能安定，国家才能富强。

小篆：宅。《说文》宅，所托也。《尔雅·释言》：居也。《疏》谓居处也。《释名》宅，择也，择吉处而营之也。《周礼·地官·大司徒》辨十有二土之名物，以相民宅而知其利害。又所居之位亦曰宅。《书·舜典》伻宅百揆。《注》宅以位言，俊以德言。三宅，谓居常伯常任准人之位者。又《礼·郊特牲》土反其宅。又定也。《书·康诰》亦惟助王宅天命。《注》安定天命也。又宅兆亦曰宅。从“宅”字的结构，可以意会到古人强调对定居方位要有所选择，注意出行便捷，确保过日子安定等因素。

将两个字合起来，读作“安宅”。意思是期冀日子过得安宁一些咯。至此，

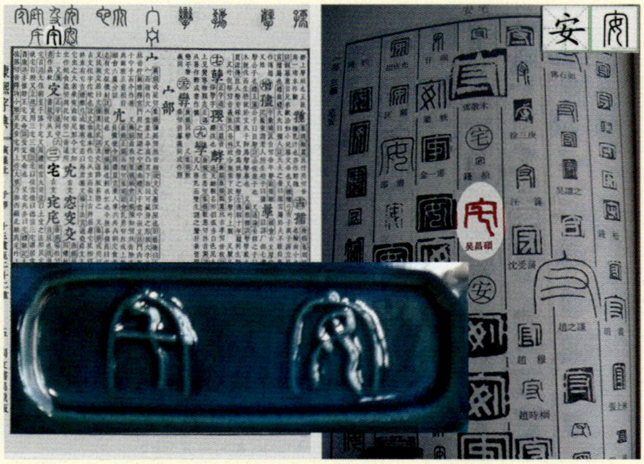

想起那段达摩为慧可“安心”的禅宗公案来，可见“安宅”并不简单。君不闻，在心理学家马斯洛的需要层次理论中，将人的需要分为五个层次，由下至上依次是：生理的需要、安全的需要、归属和爱的需要、尊重的需要和自我实现的需要。后周器物上面的那两个字，至少包含了前述所列

的三项在内，“安宅”何其重哉！

值得一提的是，先前讨论时，予曾将篆体的“宅”解读作“字”，酿成笑料。后得到师友们的热忱帮助，在线比对校正下得以破译。网络论瓷确能达成集思广益，由此心怀感激。

嗟兹大理慎于官

后周柴窑摆件基座四面皆字，瑞兽獬豸未曾例外，除去“安宅”之外，还有“避邪”、“招财”，外加一个“官”字。那么，这“官”字当作何种解释呢？

据《康熙字典》：官，〔古文〕【唐韵】古丸切【集韵】【韵会】【正韵】沽欢切，音观。【说文】吏事君也。【玉篇】宦也。【论语·撰考】黄帝受地形，象天文，以制官。【周礼·天官疏】上古以云鸟纪官，六官之号见于唐虞，尧育重黎之后，羲氏和氏之子，使掌旧职天地之官。其时官名，盖曰稷曰司徒，是天官稷也，地官司徒也。又分命仲叔，使掌四时之官，春为秩宗，夏为司马，秋为士，冬为共工。共工，冬官也。合稷与司徒，是六官之名见也。夏之官百有二十，公卿大夫元士，具列其数，殷之官二百四十，至周三百六十而大备，故曰设官分职，以为民极。又【增韵】职也，使也，公也。【书·咸有一德】任官惟贤材。【礼·王制】论定然后官之。又【周礼·春官大·宗伯】六命赐官。【注】谓自置其臣属，治家邑也。又朝廷治事处曰官。【礼 ·玉藻】在官不俟屦。【注】趋君命也。【前汉·贾谊传】学者所学之官也。又事也。【礼·乐记】礼乐明备，天地官矣……

古文字考证繁琐，原是历史悠久的缘故。优点是可以发明引申许多道理，缺失在于太滥则要领易失。故此处宜从简略，提取一些关键词语试作现代讲解：官者，根据自然法则和制度体例，选拔任用贤良俊才，以事君顺天为己任，尽职尽责履行公务，反映并代表群众的呼声，率领民众完成使命，其时当为民众树立榜样，为大家伙儿服好务。应当是古人所造“官”字中所涵盖的本义。嗟兹大理，慎于尔官！

笔者发现，在个别后周柴窑的器底显现出了“官”字，此处“官”字当可作为官办御窑产品的标识来对待。它的示现，印证了欧阳修《归田录》中柴窑“官局造无私”一说。

土性承足有其实

明代洪武年间曹昭编著的《格古要论（天顺本）》被认为是有关柴窑的最早记述，其记有云：“柴窑出北地河南郑州，世传周世宗柴氏时所烧造，故谓之柴窑。天青色，滋润细腻，有细纹，多是粗黄土足。近世少见。”值得留意的是，曹明仲在此首次提到了柴窑的“粗黄土足”的胎质特征。清梁同书的《古窑器考》中记载：“柴窑，后周周世宗所烧，以其姓柴故名。后周都汴，出北地河南郑州，其地本宜于陶也。”

鹏天藏珍兄在《后周柴窑之我见》言称，烧制柴窑的材料或系“从宝丰、郏县、鲁山等地运来的优质高岭土，白灰瓷土。从郏县的黄道窑调来黄土，具备烧制多种瓷器的技术工匠釉料和坯具，均在后周辖区内，易于调动。”此种假设，须待田野考古资料予以确认。

对于柴窑瓷器的胎质特征表述，先前有人表示过疑惑。见之于高濂《遵生八笺》：“论窑器，必曰柴、汝、官、哥，然余未之见，且论制不一。有云‘青如天，明如镜，薄如纸，声如磬’。是薄瓷也？而曹明仲曰，柴窑足多粗黄土，何相悬也！”没有眼观并且上手过实物，难免会质疑这看似矛盾的论述了。

清高宗乾隆皇帝在其御诗中有：“土性承足在，铜非钳口为”、“粉翠胎金洁，华腴光暗滋”的描述，写下了他咏柴窑瓷时的观感，看似前后冲突，其实

也好理解。“土性承足在”，是指观察柴器底部时，得到其相对粗糙、带有黄土色的初步印象（参见生肖谱兽首之露胎处）；“胎金洁”只不过是指透过“粉翠”色透明釉表面，凝视胎质时给予人的直观印象，带有一点诗歌文学化的修饰成分。（附图由藏友覃怀兄提供）

南水北调现曙光

官方公布的后周墓葬考古信息仅有两例。一是下葬时间周世宗显德五年的“周朔方军节度使中书令卫王”陕西彬县的冯晖墓葬，二是前洛阳铁路分局指挥部住宅南楼建筑工地五代墓葬。先看前者，冯晖墓位于彬县底店乡前家嘴村冯家沟，当地人传为冯丞相墓，1988 年文物普查时被发现，1992 年元月当地群众和公安机关从盗墓者手中，追回了盗走的四十多块浮雕彩绘伎乐人物墓砖等文物。考古清理显示，该墓历史上曾被盗过，推测珍贵的随葬品早已失窃。该墓出土的大量舞乐人物砖雕是罕见的五代舞乐图像资料。冯晖墓还出土有包括温碗、托杯、瓶等在内的青瓷器 6 件（套），判定为耀州窑瓷，且在出土前多已破碎。另据消息称，洛阳铁路局家属楼的后周墓，也出土过耀州窑生产的五代青瓷酒具。

后周墓葬考古发掘甚少，冯晖墓因被盗多次，珍藏尽失，无法满足收藏界

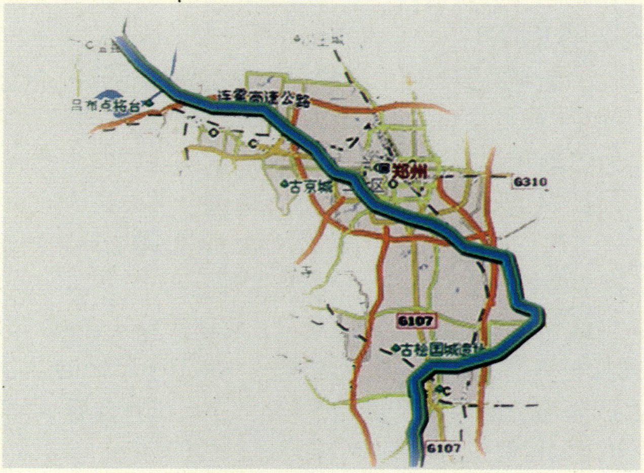

对于后周柴窑的探索热情。今年五月，从网友自国外发回的资料照片中，依稀发现后周柴窑曾经作为明器使用的蛛丝马迹，但令人遗憾的是，不管你眼瞪多大，都像是在“雾里观花”，朦胧得让人无法喘气。

计划总投资135亿元的“南水北调中线工程郑州段”，已经正式开工。起点位于新郑市观音寺镇，穿黄工程隧洞出口，途经郑州所辖的新郑、中牟、航空港区、管城、二七、中原、荥阳、上街等县（市）、区，24个乡（镇、办事处）131个行政村，总长为129公里。恰好管城、新郑、中牟均是传言中五代柴窑烧造窑址所在地，这样大的工程上马，可谓是天赐良机，是否真能发现让人们期盼已久的柴窑窑址呢？拭目以待吧。退一步讲，即使后周窑址未被发现，但出现有后周柴窑器物窖藏和墓葬的几率兴许还会有的。（图片源于网络）

扑朔迷离一窑址

柴教授等所撰《柴氏、郜国和柴窑文化研究》中提到柴氏瓷器商行，下设有管城窑、新密窑、巩县窑，见文：“柴荣，河北省邢台人，瓷器世家，史称世家豪佑。柴荣皇帝，青年时期，以经营瓷器为业，非常富有。柴荣、赵匡胤、郑恩为桃园三结义的把兄弟。柴荣领着两兄弟一起经营柴氏瓷器商行，在郑州管城唐子巷设立柴氏瓷器商号，在管城窑、新密窑、巩县窑设立柴家窑口。柴荣曾派二弟赵匡胤在新密窑沟窑督办瓷器烧造。”叙述有声有色，只是其故事版本之来历，至今尚未探明就里。

2008年初，作者青铜玉在网上介绍禹壶尊时曾经指出：“禹之功德天下传扬，其后世子孙铸青铜以铭之是很自然的事。而五代至宋时又以瓷仿青铜器形为尚。故此壶为仿青铜之器，壶身遍布凸起图案，壶底铭文为凸起之‘禹壶’二字（作者注：实以‘爿柴’款者居多）。器之精美自不必说，其匠心独到之处亦足令人慨叹……‘禹’地产‘禹壶’，暗合产地。以此推断柴窑的窑址很有可能就在禹县。”禹壶尊产自于禹州，似乎颇具道理。

柴窑出“北地”说风头正劲，西安柴窑文化研究所于2009年国庆前夕，在西安钟鼓楼博物馆举办“柴窑文化标本展——揭示千年之谜”，展出的多系五代耀州窑精品天青釉瓷器标本及炉具匣钵、考古出土报告等，尽管其领军人物为考古学家禚振西，但此说疑窦甚多，似不足以为信。

陶瓷专家赵青云曾于1994年发表《中牟发现五代“柴窑”遗址》，相关报道尤称“柴窑遗址位于中牟境内，据记载为后周时所建，专为皇室烧造贡品”。另外，据覃怀兄在博文论坛上对予之问询作出呼应：“生肖谱（带匣钵器物）的出现地点，据卖主讲在河南中牟县，底部有‘爿柴’款识 。” 故予据此以为，位于中牟境内柴窑遗址的考古发掘进展值得人们密切关注。

指鹿为马臊得慌

五代后周时期，周世宗郭荣创烧的柴窑，烧出的瓷器滋润细腻，技艺精绝，位列宋代五大名窑“钧、汝、官、哥、定”之前，被《世物绀珠》尊称为“诸窑之冠”。但柴窑产品十分有限，难见传世器物，世有“片柴值千金”之说。在宋代，欧阳修的《归田集》中已有说明其稀有的记载：“柴氏窑色如天，声如磬，世所稀有，得其碎片者，以金饰为器。”清兰浦、郑廷桂《景德镇陶录》论及柴窑瓷：“滋润细媚，有细纹，制精色异，为诸窑之冠。”

尽管史上有“片柴值千金”之美誉，但随便拿件东西去充当后周柴窑，未免有些儿荒唐。据2009年5月29日20:30分CCTV《走近科学》栏目报道：郑州市的一位收藏爱好者无意间得到了一片小瓷片，没想到引来了满堂惊叹，众多专家、行家都认为这片看上去不起眼的小瓷片有可能就是那传说中消失的柴瓷，一夜间无意得到的小瓷片却变成了价值千金的宝贝。

将一块开碎片的类哥窑瓷片解读为疑似柴窑，可笑又可叹！难怪有网友看了发表议论道：既然我们现在判断是否柴窑依据的就是明代曹昭的《格古要论》，“柴窑天青色滋润，细腻有细纹，多是粗黄土足，近世少见”。这块瓷片按照这段话如何能对得上？天青色滋润，这瓷片是天青色吗？与天青色如何挂得上钩？细腻有细纹，这瓷片细腻吗？是细纹吗？节目中似乎是将细片、碎片当作了细纹来理解，真是奇了怪了……

疑似汝官却非柴

友人爆料，英伦博物馆收藏有疑似柴窑器物，拨冗发来一帧照片。经审视，

非后周柴窑，实官窑或汝窑作品。非柴好讲，细分难言，时下只能作出模棱两可的评判。审视柴窑器物，先须遵循古制。笔者曾在首届郑州柴窑国际研讨会上坦陈："在真正的柴瓷收藏家眼里，对它（特指后周柴窑）的基本特征，是可以作出简约概括的，即：长期以来人们形容柴瓷的那四句话：'青如天、明如镜、薄如纸、声如磬'。笔者以为，四句话的老调重（此处宜读作重要的'重'）弹，是十分重要的。对于这四句话，首先是必须遵循，同时又必须辩证对待。只有达成如上共识，才能够遵循正确的鉴藏方向，而不至于闹出许多笑话来！"

接下来，对比一下英伦馆藏，如单以"青如天"入选，其他三项全无，恁地立足？这一关过不去，只好"歇菜"了之。

另外，从英伦馆藏器物上凸现的"内府供用"，与后周柴窑器物通行的篆体字明显有差距，用一句巴蜀方言诠释："篆"得来远不如后周柴窑那般"有盐有味"！篆味式微，是历史推演的现象罗列。由此观之，英伦馆藏的这件"内府供用"器物，年岁显然是要小老些咯。

值得留意的是器物的铜口表征（当时匠师习惯以金、银、铜圈镶在口沿上，作为装饰，使得官瓷倍显尊贵）的趋同性，当系属于宋瓷范畴无疑。与南宋修内司官窑相比，英伦馆藏为南宋制品应属可征；将其与北宋晚期汝窑比较，定为北宋晚汝似乎亦属可信。

作为一件釉色特殊的疑似宋代官、汝器物，曾经贵为宫廷供御，依稀还能看到釉面上那不经意间形成的奇幻玄妙的结晶斑，足以称得上是一件神品了。

巩义"鱼目"易混珠

一件五代巩义黄冶窑的产品，一件类宋龙泉窑的东东，近来分别被其藏主当作柴窑真品，煞有其事地频繁在网络演示，足见后周柴窑招牌的感人魅力。

但是，如其特征不符合“四如”准则，恐怕难以长久立足，最终落得“竹篮提水一场空”的结局，自是必然。

鱼目，终究难以混珠。毕竟人类社会进入了因特时代，只要敢于“亮宝”，就会在世人面前显露无遗，一招一式，秋毫毕现；存照即立，备受检验。因此，予尊崇那些能够出示实物参与讨论的求证者，同时难免不会对那些拿不出实证材料，却在各论坛上妄加评判的空口白牙们嗤之以鼻。当然，由于考察不谨严，导致认识上的错误，人人在所难免，只要虚心向学，进步自会不断；主观上固执己见，在确凿的证据事实面前仍然不思悔改，当属痼疾，无药可以救治也。

予自撰写发表《拾柴札记》以来，如履薄冰，步步留神。其一，希冀以此来检测鉴藏理念是否正确；其二，希望以此作为“激将法”，促使柴窑珍品尽快亮相，以满足求是之愿，即使自身收藏或被否定；其三，期望通过参与讨论，以正收藏界之视听；其四，企盼能够集思广益，借以广交同好师友。

话归正传。关于此件五代黄冶窑的产品，一言以蔽之：“色光则同，但差厚耳”；至于那件类宋龙泉的东东原本就不靠谱，无法与“制精色异”的后周柴窑相搭界，假使类似东东可以赢得千代推崇，万世景仰，岂不成了人间笑话？后者藏家声称价值近百万，他人感受不得知，让予掏一个钢镚儿也嫌多！

柴钧再度起疑云

无论怎么说，柴窑与钧窑的关系都是非常密切的，得此知识基于如下事实：其一，本人收藏的一件后周柴窑双层镂空孔雀牡丹纹尊，在其内腔壁上居然留有两行篆书，其中就有“秘方柴钧”四个字，“柴钧”是否就是五代时期的人们对于后周柴窑的称谓呢？古人说“钧”，又称钧天、钧旨，亦即至高无上“中央”的意思，“柴钧”或系指柴窑的显赫地位吧？其二，本人另藏有一件发生过窑变的柴窑器物，姑且暂称作金童玉女观音瓶吧。盘口瓶上，有男女孩童分别倚伏于瓶器颈部两侧丰肩处，模样恬然可爱。值得提及的是，孩童的面部、身体以及周边位置，以及在瓶器底部及瓶颈部位，均可以观察到十分稀罕的“窑变”现象，这些窑变与钧窑的窑变似乎有着相似特征。这是迄今为止，予在柴窑上首次看到的窑变现象，这一窑变现象的发生，说明柴窑与钧窑在烧造工艺上有可能存在渊源关系。经中国收藏家协会学术研究中心的数据测试，釉表配方

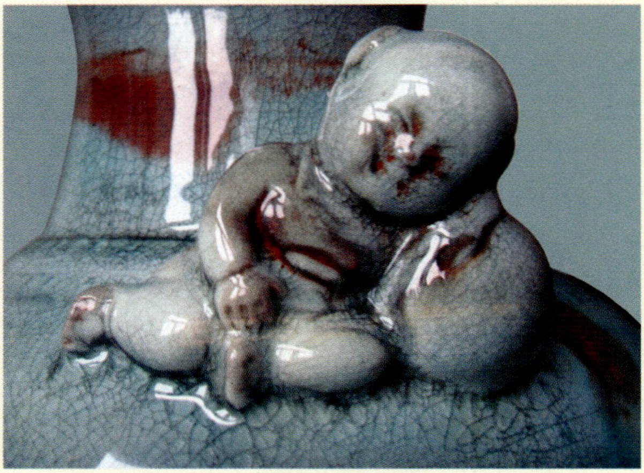

中含有较高的铜元素,就是一例证明。

由此,还可以进一步说明,后周柴窑与钧窑的烧造地点不可能相距遥远。柴树青等在《柴窑汝窑钧窑天青瓷的传承关系探讨》一文中提到的“钧窑与后周显德时在郑州设立的柴窑相距不远,迨赵宋代周,柴窑工匠无所依归,遂群趋颍川经营钧窑是有可能的”,此件实物至少是为此种假说提供了旁证。

笔者不能认同中国管理科学研究院特约研究员吕朝禄持有的下述观点:“柴窑是唐钧窑系分歧后的窑系……柴瓷是唐代晚期——五代后周和北宋初期的钧瓷。”因为通过实物赏析,两者瓷胎厚薄不同、釉表风格迥异,窑口地理位置和管理权限均不尽相同。故在晚唐后周时期,柴窑和钧窑并行生产的可能性是确实存在的!

喇叭形斛出耀州

说“天青釉喇叭形斛”也不是后周柴窑,纯属无奈。因为对于后周柴窑,真理本就存一,不是吾等主张上路,就是尔等观点正确。先秦·韩非《韩非子·显学》有云:“夫冰炭不同器而久,寒暑不兼时而至,杂反之学不两立而治。”

当然,认识观点的水火难容,面红耳赤的争论皆系大好事,更不排除相互较劲之时,猛不丁“蹦”出一件实物,赢得大伙儿的一致推崇,千年柴窑之谜就

此破译。包括笔者在内的藏家，均宜为此作好充分应对准备。因为真理是客观存在的，人为的力量总也无法撼动它，惟有选择尊崇服膺而已。通过充分学术论争，有理由相信愈来愈接近事实真相。作为具备综合素质的当代收藏爱好人士，随时将展现各自待人接物的磊落胸怀。笔者希望，一旦有人发现予所主张的“后周柴窑”的仿制基地，欢迎立即在线揭发，或者举出证明其为现代仿品的确凿证据。若是有人能够办得到，无疑居功甚伟！

回头再谈“天青釉喇叭形斛”不属后周柴窑的理由，除去它明显地不符合“四如”准则外，予还可以举证耀州窑的确生产过类似产品。至于是否像报道中的老人所宣称的——曾经作为祭祀天地的礼器，被后周天子和大宋开国皇帝使用过，属另档子公案，免予计较。（附图来源于网络）

馆藏柴窑变脸记

曾有报道称：上海博物馆有件产于五代的“白瓷镂雕殿宇人物枕”。此枕既非景德镇产品，又非定窑产品。而北京有件五代“白釉刻花碗”，北京专家对此碗认定为五代时产品，为北方瓷，既非定窑产品也非景德镇产品。综上所述，北京、上海专家得出相同结论:①两件器物同为五代时产品。②两件器物均为五代时精美白瓷。③同为豆绿色。④同为黄土胎。⑤釉汁很薄。⑥声如磬,从白釉碗上可以听到。⑦从瓷化程度看,同现代瓷没有差别,这在1000多年前非一般窑可以做到。综合分析,上海博物馆的“白釉枕”其品质应在当时景德镇和定窑之上。加上北京“白釉碗”的佐证,可以断定:除柴窑外,不可能有别的窑口能烧出如此精美的器物。由此,可以断定“白釉镂雕殿宇人物枕”应为柴窑产品。从而解开中国柴窑史的千古之谜。

予以为,以上判定“五代白瓷镂雕殿宇人物枕”为五代柴窑的依据过于单纯。非景、非定,判属五代产品,加之有豆绿色、黄土胎、釉汁薄、声如磬等特征,难道仅凭据这些,就与后周柴窑靠上谱了么?依此逻辑进行判定,不够严谨是显而易见的。以予所观,这件“五代白瓷镂雕殿宇人物枕”与“类银”、“类雪”的邢窑白瓷相比较,倒有几分近似。

所幸,有关方面已重新界定其为五代北宋(907–1127年)定窑产品,相关介绍中指出:此枕胎质细腻色白,釉色洁白,釉厚处微闪黄绿。枕镂雕殿宇形,门窗斗拱、基址台阶极为精巧。殿前门掩闭,后门半启,一人峨冠博带,倚门以待。枕面呈如意形,上刻划缠枝花纹。此枕构思别致,独具意匠,是定窑白瓷中的精品。(附图来源于网络)

莫将越窑当柴窑

清朗喝茶中是《柴窑天下珍》一文的作者，报道中提到参观绍兴越国文化博物馆中所收藏的柴窑穿带瓶（五代）时的一些情景，下一自然段为文章摘录部分，评议紧随其后。

如此珍贵的柴窑，最近居然有机会窥得一点影踪。十一前夕，和羊先生一同去了杭州和绍兴，在鲁迅中街对面看到一所“绍兴越国文化博物馆”，于是两人一同进去。这家博物馆是私人所有，但里面藏品十分丰富，以秘色瓷而言，看到的就有十几件，而在博物馆顶层的“国粹”馆中，居然看到了一件柴窑（见图）这件穿带瓶据馆中介绍，“胎体莹薄，釉色鲜碧”（确实如此），“与史料上记载相符”，但流传下来的关于柴窑的确实说法，大概只有郭荣那一句“雨过天青云破处，者般颜色作将来”。后人的“青如天，明如镜”等等也是自己猜测为多，很难作为根据。与馆内的管理人员闲聊，她也讲到：有些专家认为这一件是柴窑，但有些也不能肯定。

在没有真正弄明白之前就祭出柴窑旗号，一来说明人们对于柴窑器物的神往。另则显露出一些专家的随意及任性。予提请注意的是，如果单纯以该器物“胎体莹薄，釉色鲜碧”来作为判定柴窑的依据，未免轻率。依予所见，此器物胎体不足以称为“莹薄”，其釉色也够不上“鲜碧”，不过是越窑中的较为特殊的精致制器而已。

故而，笔者对报道结尾所持有观

点表示一定的认同——看来，柴窑的确实与否，大概只有再出一次法门寺发掘认定秘色瓷那样的事件才能判定了。但此语应非绝对化对待，君不见，北宋官窑以及哥窑的窑址，至今不是也尚未被人们所发现么？

即使越国博物馆的此件非属柴窑，毕竟还可以算是古代越窑的一件珍品。（图源于网络）

咸吃萝卜淡操心

咸吃萝卜淡操心，指的是爱吃咸的人吃咸萝卜对他而言是享受，而生活习性迥异的人不能理解吃咸的美味，却在那里为吃“咸”的人担心。所以就用这一句俗语来形容不被人喜欢的多管闲事的人。相关的成语还有“杞国无事忧天倾”、“皇帝不急太监急”，均指的是这一类型。

据悉，西安柴窑文化研究所、西北大学文博学院、西安市文物局钟鼓楼博物馆联合举办“千年之谜——‘柴窑’文化标本展”，时间是 2009 年 8 月 15 日—9 月 25 日，地点：西安钟楼。相关消息发布者祭出收藏名家马未都的旗号，称马先生于《紫禁城》杂志上发表《满园春色关不住——青釉》的文章，文中有这样的表述：“如‘北地’一词不再争议，柴窑出五代耀州则顺理成章。其他任何文字描述都能与其吻合。”“近年出土面世五代耀州窑精品，无论残片还是整器，让柴窑的面目更加清晰，让其历史终于趋向于真实”，文章引用了该研究所的部分标本实物予以阐明。宣称者认为，这是故宫博物院《紫禁城》院刊践行科学发展观、百家争鸣、为解开古陶瓷千年之谜向前迈进的关键一步。不可忽略，马先生在此处预留下了伏笔的——“如‘北地’一词不再争议”，与史实相左，想要避免争议真的会是很难哟。

此处建议，主办方办展前夕不妨多吸收一些疑似柴窑器物的标本，来它个兼收并蓄，百花齐放。目前尚不宜专打“五代耀州窑天青釉精品瓷”这张疑似牌。这样做的好处，不仅彰显出主办者虚怀若谷，倡导学术竞争的科学精神，同时也为囿于目前客观条件的主观认识留下可供回旋的余地。不至于待到真相大白时贻笑于大方。碎语烦人，忠言逆耳，真诚祝愿各位在探索柴窑的进程中一路走好！（图片来源于 2009 年 8 月 20 日《西安晚报》）

汝窑仍驻清凉寺

有藏友神通兄在雅昌论坛发表《柴窑研究之最新进展》，认为清凉寺汝窑即为五代柴窑。针对其结论部分，陪聊上一程。

首先，对于佛教纹饰，神通兄讲的理由是：宋徽宗崇尚道教，应该不会喜欢佛教纹饰的。这条理由过于单薄，不值一哂。打个比方，好比“文革”初期搞“破四旧”，但所有的人还都得住在旧式的建筑里面，如果都破除尽了，怕是真的就要“天当房，地当床”了。宋徽宗时期，尽管朝廷奉行佛道合流政策，并未见得就会去摧毁佛文化源远流长的一切承载吧?!

其二关于器形与北宋的差异，神通兄具体系指：宋代器形普遍较大，而“汝窑”却和五代的器形非常接近，和传世的定窑和钧窑还有官窑相比，“汝窑”则显得很另类，与宋代风格格格不入。宋代风格如何概括呢?作者没有做出说明，单只强调了其器形有大小分别，但从宋徽宗赵佶亲手所绘的《文会图》看去，案几上小型器皿比比皆是，反倒成了“宋代器形普遍较大”的反物证，难道不是吗?

其三，再来瞧誉为十大传世名画的顾宏中《夜宴图》，旁观者根本无法从画面上辨识“天青色”为何物不说，即使画面上的天青色瓷器看上去与“汝窑”相一致了，那么立论者假定的图中绿色瓷器系五代越窑，蓝色（天青色）瓷器便肯定为柴窑作品的观点，此间的逻辑推理显得严密性缺失。依予之见，《夜宴图》所显现的浅蓝色器皿，不过是在五代时期曾为南唐宫廷生产过贡瓷的芜湖繁昌窑青白瓷而已。

其四，所谓“汝窑有两个产地”的提法值得商榷，汝窑系到底有多少窑口迄今尚无定论，但可以肯定的讲不会仅仅局限于清凉寺和张公巷。因此，予以为“现有理论无法解释为何有两个汝窑产地”之说无从谈起。

考古发现催人醒

台湾省的宣龢斋主人在《千年柴窑“瓷皇”考证 》中提到：论中国瓷皇“碧光釉的柴窑”，千古神器今犹在，宛如神话般的柴窑娇影已重现人间，见附图下方沉淀处的碧光釉原色，釉色青润如玉，光泽明快似碧波，历经千年釉色依然晶莹透亮、碧光流射。二十世纪把寻找柴窑的任务，提高到关系国人荣辱之高度，宣龢斋主人率先公告找到了，不管文物博物馆各界先进是否承认？以“实物佐证”来解开陶瓷史上的一桩悬案，顺利夺得中国青瓷王冠上的宝石。

根据浙江新闻网《揭秘西沙宋代沉船挖掘 还原海上丝路（组图）》中所

刊载的“南宋青白瓷篦纹钵”的发现，不能不让人对宣龢斋主人保存的这件碧光釉的柴窑钵的真实年代心存疑惑，尽管其文章中特别就“发掘实物与出土地点”作了云云声明。

本着“同时代不同质地的器物，其艺术风格是相通的”理念，予认为：宣龢斋主人保存的“碧光釉的柴窑”钵，有可能隶属于南宋时期青白瓷产品，显然与后周柴窑根本就不搭界。

柴窑器胎不透光

根据深圳市收藏协会马玉希兄《陶瓷皇后 柴窑解密》一文揭示，柴窑器实乃“陶质”，烧成温度比“瓷器”低得多，加之器薄，玻璃釉的烧成温度亦低，所需焙烧时间很短，窑温不高，也就无需砌筑复杂的“窑炉”，适当“烘烤”即成，原理类同清宫“二次烘培珐琅彩器或粉彩器”的烘炉！也就几块砖头的简易砌体！《进一步的说明》中究其奥秘时曰：“薄”陶为胎，“瓷”釉为饰！陶胎韧，即使薄如纸，却足以耐受“坯釉膨胀差应力”；瓷釉脆，且薄如蝉翼，遭“坯釉膨胀差应力”必裂！诚所谓胎“韧”为本，釉“脆”其表，附“韧胎”而“釉”裂，饰“裂釉”以秀“胎”！嘻，技亦灵怪矣哉！

借此“陶胎”之说，予作出推断，柴窑器物不可能对着光源，呈现透明或是半透明的状态。试分析如下：前年被相关媒体沸沸扬扬报道过的、大连刘姓市民家中的那件祖上接济落魄秀才获赠的六瓣瓜棱形注子壶碗，对照“四如”标准，疑似的可能性趋弱。即便这套注子碗经过检验，隶属于五代–北宋时期的器物，确定为后周柴窑仍有相当难度。

同样的，在大河论坛上首发推介的富平古窑的产品固然也很精美，但与五代柴窑产品对照尚有色光差别，滋润细腻度不够，复合形鱼仔纹开片见不到，加之釉面无黑斑呈现，胎底无粗黄土色，类型器无海玳瑁色品种，与后周世宗郭荣的关联度不高等诸多因素综合考量后，也不得不将其排除于柴窑之外。说句实话，如将其判定为陆羽《茶经》成书时节（即唐朝中期公元 760 年）的鼎州窑作品，其概率应属偏大。（附图来源于网络）

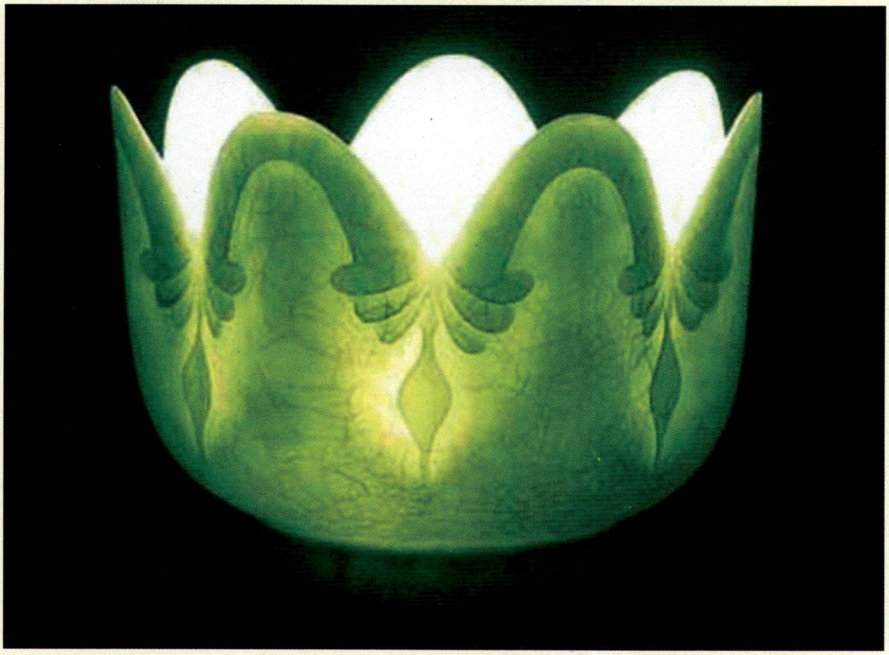

看景不如听景好

在网上，曾经碰到一位朋友，时常谈及他所见过的柴窑器物如何如何美妙，不期而然地联想到了少年时一段经历。“文革”初期大串联阶段，中学停课，遂与同学结伴去城郊的稻田、沟渠去捉鱼，每每会要听到呼叫，又有一尾大鱼从手中滑溜走了，起初亦不免唏嘘，及到类似情况经历多了，自然发现了个中奥妙。原来，没逮住的鱼儿全都是大的！有此经验后，再见有人吹牛时，用此常备句型去反驳他，立即会引发一阵子哄堂大笑！如同不能指望那条“大鱼”真被逮住一样，谁也甭想真的看到那一位朋友所举证的“美妙柴窑”。

记得有一次，陪同外地一位客人去峨眉山游览，无意中瞥见一渝仔刻画在岩石上的欠雅留言：“人说峨嵋天下秀，冤枉老子登山头；不是郭老‘提虚劲’，哪个龟儿到此游。”与客官相契微笑时，立马想起民间流行的那句老话来：看景不如听景好！

有人将此通过中学数理函数进行了哲学引申：之所以看景不如听景，是因为听景时是开集，可以有无限的想象空间，到底景点有多美可以任你想象。一旦你到了景点之后，就不再有关于景点的任何想象，景点就是你实际看到的那么美，这时景点就从想象中的开集变成了闭集。倘有不信此话者，就请将您认为的柴窑放到此处来“亮相”，看一看其结局会如何？

刻鹄类鹜尚有失

后周柴窑为它窑所复制，目前已经发现几例。一例是辽三彩福禄寿喜瓶，一例宋定窑连生贵子摆件，而同好转发的宋青釉鱼化龙执壶，是为新近出现的一例。三例老器的登台亮相，不仅从某个侧面衬托了后周柴窑的身份到代，同时亦别开生面地让人们领悟和理解了何者方为后仿。比方说：辽三彩瓶子由于缺少了篆书，使得“福禄寿喜”的气氛减弱；宋定窑摆件，因为删除了童子手持莲蓬的细节，“连生贵子”之说大打折扣；放弃宋青釉执壶“丢盔”不论，问题在于它忽略了以传统的对壶形式示现，岂不有违《幼学琼林》中“孤阴则不生，独阳则不长”的老生常谈。宋人对于前辈文化遗产的手摹神追，颇为相似，虽无画虎类犬之虞，却难保没有刻鹄类鹜之失。（附图右面藏品由寒食敬兄在线提供）

完全不走样的复制通常不容易办到。我们只能凭借猜测，去感知历史长河中艺术流变的芜杂因素。人类社会历来推崇继承与创新，尤其是对于社会有价值、有意义的推陈出新，尤其值得提倡。予在此处谨请看官注意：以上几例不同窑口的宋代瓷器，对于晚唐五代柴窑形式上的模仿，毫无例外地显露出了缺陷与不足，它所带给我们的启迪属于多个方面。

冶自后周遂号柴

清高宗乾隆皇帝在其《咏柴窑碗》中，开篇第一句就是“冶自后周遂号‘柴’，冠乎窑器独称佳。”但现代人可不容易被“忽悠”，他们想：柴瓷上有“柴”字款根本不可能！第一，假如窑主将皇上的姓氏写在瓷器上，就不怕遭

“天谴”么？第二，天地万物都姓柴，何必在瓷器上写出来？多此一举！

宗法承祧制度有悠久的历史。祧者，承继为后嗣，无子者可以兄弟之子为嗣，若兄弟或同宗无可承继之子，可以外姓之子为嗣，成为绵延不绝、朝野遵循的习惯法。根据《旧五代史》周世宗本纪记载：“世宗睿武孝文皇帝讳荣，太祖之养子。”此处表明世宗童年时期因侍候姑母，深受郭威夫妇喜爱，过继给郭家已是郭氏子嗣。《旧五代史》太祖和世宗本纪中，绝不书世宗本姓，不见“柴荣”或“柴王”词语，足见史学家良苦之用心，见称“世宗睿武孝文皇帝讳荣”、“皇子澶州节度使荣为开封府尹兼公德史封晋王”，而野史《五代史平话》不然，直书“郭荣”并不避讳，如：乾祐三年四月“朝廷著授郭荣做贵州刺史”，广顺三年“皇子郭荣做镇宁节度使屡请入朝，王峻忌荣英烈每阻止之，郭荣再以力请”，“广顺三年三月，宣授郭荣做开封尹封晋王”等。

上述史实，毫无疑义地证明周世宗系以子嗣身份继承帝位的，从“年未童冠因侍圣穆皇后在太祖左右”而更名郭荣算起，继位前改随郭姓长达 28 年之久。一言以蔽之，后周柴窑显现的“爿柴”等款识，从封建宗法制度上分析，原本是与避讳习俗不相干的。何况，古代瓷窑“窑以人名”，并不仅限于柴窑一例，如唐代有霍窑、宋代有董窑、金代有彭窑、明代有周窑与瞿公窑，清代有唐窑与欧窑等。

暗纹符号试解码

细心观赏晚唐五代瓷器的凸起纹、暗刻纹，莫不为充斥其间的高超艺术表达所叹服。自然社会中富于神采与浪漫情趣的龙凤、城郭、蜂花蝶鸟，均成为了古人手摹神追的对象。无论是在其所绘图案或者文字上，也无论是标准形或是变体形，均恰切地表达了大千世界各类物种的生机盎然、神姿奔放。反映在五代瓷器上纹饰，显得既典雅又优美，宁静清丽、柔媚轻曼。毫无疑问，它们是古代人们推崇物我和谐的审美志趣的真实写照，也是理想社会与现实生活融通化境的艺术再现。

国人历来讲究灵动感和气势美，处于图腾中心位置的龙，自然就成为华夏民族意象化的集中代表。自从《易·乾卦》“飞龙在天”观念产生之后，龙就被视为富含阳刚之气的神灵了。龙的形象忽而恣肆狂放、神腾八表，倏忽潜腾奔驰、凌厉遒劲，历朝历代恒久流传，各类形式表现趋向极致。本书系列之九所载附图二，所展现的是“龙飞”之“飞”字象形文字。人们由此眺望大周城郭，云烟袅袅，古韵悠长。

参见所附后周柴窑镂空菊花纹尊一图，器肩上刻画了一只翩翩起舞的蝴蝶，颈部则刻画了一只展翅欲飞的孔雀，均采用了短阴线描绘技法，线条细密

有秩，层次分明。不由得让人产生无限遐思，抽象派如要溯其源流的话，怕是得要回到东方来寻根吧!

后周柴窑早称名

明代《格古要论》记载："柴窑出北地，世传柴世宗时烧者，故谓之柴窑。"柴窑是专为世宗皇室烧制用品，据此推断柴窑应为后周御窑。明代吕震的《宣德鼎彝谱》也记载："内府收藏柴、汝、官、哥、钧、定，名窑器皿，款式典雅者，写图进呈……其柴、汝、官、哥、钧、定中，并选得二十有九种。"是当时内府中收藏有柴窑的明证。

清代书家梁同书（1723-1815 年）在《古窑器考》中记载："柴窑，后周周世宗所烧，以其姓柴故名。"又据乾隆年间进士朱琰（1736-1795 年）的《陶说》记载："后周柴窑，周世宗时所烧者，故曰柴窑。"

清高宗御制咏瓷诗中，有一首《咏汝窑瓷枕》，吟道："汝州建青窑，珍学柴周式。柴已不可得，汝尚逢一二。"这里提到了"柴周式"，显然系单指"后周柴窑"而言，以有别于较为常见的北宋柴窑传世器物。又据乾隆的那四首咏柴诗句，能切实让人们相信，后周柴窑其时在清宫中确曾出现过。

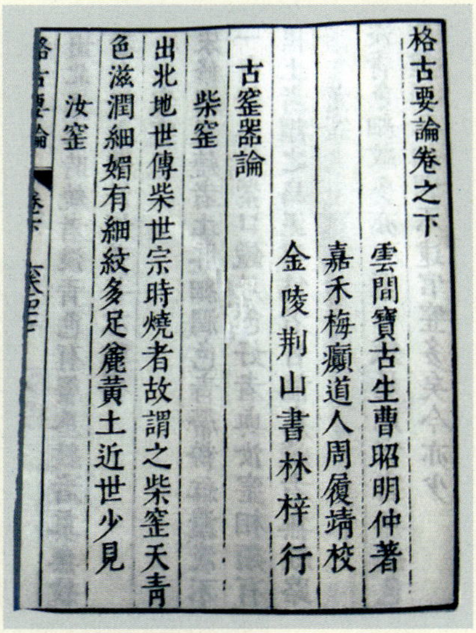
格古要論卷之下
雲間寶古生曹昭明仲著
嘉禾梅癲道人周履靖校
金陵荊山書林梓行
古窯器論
柴窯
出北地世傳柴世宗時燒者故謂之柴窯天青
色滋潤細媚有細紋多足麄黃土近世少見
汝窯

另据《传记文学》2007 年 8 期刊载，1946 年 2 月 24 日，经时任国民政府行政院长的宋子文批准，由国民政府出资抢救性收购了 422 件觯斋藏瓷，将其从郭家运往故宫，存入延禧宫库房。在这批藏瓷名册上，特别标明且名列首位的是"一件后周柴窑瓶"。此件觯斋郭氏藏瓷中惟一柴窑，乃是在收藏界流传已久的郭葆昌（字世五，号觯斋，古玩铺学徒出身，后为袁世凯管总务，民国初年受遣担任陶务总监督）先生，早年以一处宅子、二十亩良田与人交换到手的那件柴窑器物。

以上数例表明,"后周柴窑"得以称名源远流长。清廷中的"柴周式"名至实归,当有其所属。设想一下,乾隆皇帝若是将宫廷中常会观赏到的北宋柴窑器物误当作"柴周式"对待,也就难以发出"柴已不可得"的哀叹了!

宫廷用瓷漫猜评

在大周柴器的底面,明确无误地出现了"官"字款识,此举着实填补了晚唐五代,尤其是后周显德年间,曾经设置过御官窑这一段历史空白。

后周柴窑器物曾被派作何种用场?这是鉴赏研究时不能回避的重要问题。此前议论种种,有讲是满足国民经济聚财需要的"官窑说",有适应国土统一需要以满足军需供应的"军窑说",也有作为"铜禁令"颁布之后以陶代铜,实施宫廷器物改革的"御窑说"。

单纯从实物类型,以及可能发生之用途考量,予以为作为宫廷用瓷的理由,似乎要充足一些。历数后周柴窑鉴藏家之自述,始藏地域蔓延至河南、山西、山东、内蒙等北方省份,大致覆盖了历史上的后周疆域,始藏地域趋于分散这一点,足以说明其时并不限于宫内供御,极有可能曾被作为赏赉使用。

官窑生产的宫廷陶瓷,通具三种功能:一是指皇宫依照典章祖制,开展各种庆典、祭祀所需的陶质礼器;二是满足宫廷生活所需的陈设和使用器皿;三

是作为朝廷对于皇亲国戚、王公大臣以及有功人士等的赏赉。

设想一下，假使受赏一件御窑陈设，供在蓬荜生辉的厅堂供人观赏，那在主人心中该是何等荣耀之事情啊！赏赉发端于何时有待探究，已知在我国奴隶制鼎盛时期的西周青铜器物上，铭文内容中就出现过关于祭祀、征伐、纪功、册命和赏赐等的明确记载。

作为深谙陶瓷贸易之道，且讲求节俭的周世宗，郭荣建立皇家御窑，以供宫廷内外种种所需，自然是顺理成章。以陶瓷之质仿金银铜器之形，制精色异的御窑宫廷器皿或正由此应运而生！

陶瓷礼器始世宗

宋代仿制周秦铜器早已为收藏界同好所知，据《青铜器辨论概论》记载：宋太祖及宋徽宗崇宁四年（1105年）九月朔，内府取法当时出土的宋公成镈形制，铸成新镈，大晟钟仿制品。徽宗好古，得一古器必令良工仿造，故花纹、锈色都是上乘之造，以致被后人误以为周秦之物。宋代设立掌造铜铁诸器及铙、钹、钟、磬等，又仿制古代青铜器，从而达到“上仿制以崇古，下伪造以图利”的目的。宋史所记载“肇新宋器”之说，也是复古仿制。但在五代末期，后周世宗郭荣曾命窑工比照青铜器形仿制过一批陶质祭祀礼器，对此知道的人就十分有限了。

后周显德二年，面临国家货币用料金属铜奇缺，周世宗于秋九月丙寅朔“颁铜禁”，这件事《旧五代史》中记之颇详。柴树青教授等人撰写的《浅谈郑州柴窑》中也曾经提到，郭荣先前身份为陶瓷商，做皇帝后开用陶瓷礼器代替青铜礼器之先河。

史实讲究信而可徵可查，周世宗是否曾经下诏造陶瓷礼器以代铜物，似未见史书文字记载 。过往仅发现后周柴窑中有称名禹壶尊者，与山西博物馆藏的那件春秋战国采桑人物青铜壶惟妙惟肖，尽管如此，因属孤证，令人疑信参半。值得庆幸的是，新近在相关收藏论坛网站中发现被唤作 “鸟尊”、“犀牛尊”的东周礼器，活脱脱是那“舒凫水注”（在此宜称“鸭式水匜”，系指作祭祀前净手使用的水匜）和“独角兽”（此基座正面有“辟邪”字样出现，系指懈豸即传说中的上古神兽，而非指犀牛）的青铜版本，为礼器用陶一说增添了实

物佐证。期待类似“巧合”再度涌现，将后周柴窑以及五代历史文化的研究引向深入。

世代相传菡萏尊

荷花又称莲花，古称芙蓉、菡萏、芙蕖，原产于亚洲热带地区和大洋洲，是中国十大名花之一，也是印度的国花。荷花是圣洁的代表，更是佛教神圣净洁的象征，无论画佛、塑佛，佛座必定是莲花台座。自北宋周敦颐在《爱莲说》中写了“出污泥而不染，濯清涟而不妖”的名句后，荷花便成为“君子之花”。荷花中通外直，不蔓不枝，花大色丽，清香远溢，清波翠盖，赏心悦目，成为古往今来诗人墨客歌咏绘画的题材之一。

先贤孙中山先生、周恩来总理等提倡发展荷文化，并把友谊的种子传播到邻邦。由于“荷”与“和”、“合”，“莲”与“联”、“连”谐音，中华传统文化中，经常以荷花即莲花作为和平、和谐、合力、联合等的象征；以荷花的高洁象征和平事业、和谐世界的高洁。因此，某种意义上说“荷（和）为贵”，赏荷也是对中华“和”文化的一种弘扬。荷花品种繁多，“荷（和）而不同”，共同组成了高洁的荷花世界。

菡萏（hàn-dàn）为荷花的别称，古人称未开的荷花为菡萏，亦即花苞。予将后周柴窑菡萏尊作一示现，谨以此方式表达一份美好的愿望：衷心希望荷花文化能在弘扬和平文化、和谐文化的进程中，能被更多的人所了解和熟知。弘扬中华“和”文化，对于收藏界人们研究探索祖国优秀传统文化、构建和谐社会的事业，确实有着特殊重要的意义。

和而不同君子交

玩古说陶，自当遵循“君子之交，和而不同”的自然法则，习惯了便成为自然。人生阅历不同，知识架构各异，对事物的认识没有丝毫的差别，似乎也不大可能。但予以为，讨论甚至是争论，都是破解柴窑传世密码的终南捷径。柴窑瓷器存世已逾千年，“现在还不到深究‘周柴’与‘宋柴’严格区分的时候”，那么何时才算是时候？不参与讨论，坐等考古发现，恐怕不单是咱这辈子不能指望了，即使到了周世宗第五百代，是否有此种可能，尚须打上一个问号。故此，有必要针对诸君发言中的一些疑点，提起续商：

一、兄有言：不能说，“周柴”同“宋柴”之间存在根本性的差别。

予以为，根据前面提供的样器来看，二者区别十分明显，甚至可以说是泾渭分明，这绝对不是出于任何“想象”，而是实物举证，能够给予真切说明的事实。

二、君又言：事实上，不仅“宋仿”，其后的历朝历代，特别是清朝，仿“柴”的尝试从未停止过。

此认识常被沿用，囫囵吞枣地搪塞过去，不较真也就罢了。但是考量起来，却大有阻隔，不求甚解。且不论“宋仿”这一理念成立与否，试问：历代究竟包括哪些朝代？具体来讲，指元、明，拟或是清、民国？元仿、明仿均不得见，尤其是清仿“柴”，成何体统，是何模样，谁个同好仁兄能够张贴样品出来举证，哪怕稍微分析一下认定其为“清仿”的依据，怕是无人能够举得出来。自然，“卵幕杯”、“脱胎瓷”就甭提了吧，因为那些显然不能够归属于仿“柴”一类的。

现代元素拎不清

郑州大象陶瓷博物馆研究员孙宜顺在《作旧的陶瓷赝品与氧化锆粉剂》中提到：用氧化锆类的粉剂作旧，是近些年新出现的作旧方法，目前快速发展，已经占到赝品的六成以上，使不少古瓷著名老手屡栽跟斗。

八达岭长城青瓷博物馆馆长徐强也曾发表一篇文章《呼吁中国科技界，尽快救救古陶瓷》，文章提及现代元素时指出：仅凭氧化锌判古瓷死刑的做法，不科学、不严肃、不符合事物发展和研究的客观规律，是十分错误的，是极其误事的。

以上观点的共同之处，在于分别触及到了“现代元素”中的氧化锆和氧化锌。国家博物馆文物科技保护中心的姚青芳研究员，亦曾撰文指出：“造伪者是为了仿造汝窑瓷器釉层中那些‘寥若晨星’的气泡，而在釉料中加入锆石”。予后来曾将后周柴窑拿到中国收藏家协会学术研究部检测中心，对器身釉成分进行了科学检测，均未发现有氧化锆、氧化锌和氧化钡成分，心中一块石头算是落了地。但因所带器物露胎部分过于狭窄，胎成分至今仍悬疑未决。其实哩，也一直犯嘀咕，柴窑数据本就欠缺，检测结果又能表明什么呢？即使胎土中检测出了含有所谓“现代元素”，难道就否定其为老器物不成，怕也未必吧。

讲“怕也未必”是有缘由的，在此提出讨论以求集思广益。先前浏览网上发言时形成一个初步印象，即氧化锆亦属增韧剂，要想做出薄胎器物来，非添加此粉剂不可。如此一来，逻辑抵触随之发生。凡玩古陶瓷的都知道，“薄如纸”的柴器系由晚唐五代所发明，依照当年的科技水平，哪里会有人懂得使用氧化锆之类，但这并不足以影响周世宗及其臣民们，经过不懈地努力，“薄如纸”的后周柴窑，果真就在那个年代诞生出来了。如果说，当年窑工不用添加氧化锆粉剂，也能够造出薄胎器物来，反倒是今天离开了它，便会一筹莫展。真不知是否该去倡导“厚古薄今”？末了，尚须追问一句，如果古人在烘烧柴器时掺加过所谓“神秘配方”，称其为“现代元素”这恰当吗?!

按图索骥须仔细

买古玩不能按图索骥，恐怕连初入门的新手都知道。但如果你来一回反弹琵琶，或许会小有斩获。有人指出“收藏是一种高智商活动，不到博物馆去认识和研究那些与自己收藏相关的藏品，不提高自己的专业知识，受骗上当的几率会很大。”专家们提倡多看实物、增长经验、少听故事、少缴学费无疑是合理的。但凡事皆有例外，收藏后周柴窑即是如此。一来中外博物馆没有，二来相关资料奇缺。过去，谁要是想“按图索骥”寻觅柴窑，门儿都没有。古往今来的柴窑收藏爱好者，多是在“锦灰三堆”里钻进爬出，依然难得要领。即便是赏瓷高手的乾隆老爷子，也不时地皱起眉头，发出“记载谁真实事谐”的感叹来!

把握柴窑“按图索骥”时机，恐怕只能是在盛世兴藏当下。市场经济驱使下的古玩收藏，导致地球被翻了个儿，犄里旮旯被寻了个遍，老祖宗遗留的稀珍八宝倒腾面世的可不少，一批敢吃螃蟹的先行者，本着不信邪理念，使得荆棘丛生的荒原渐渐有了依稀可辨的路径。

予以为，当前收藏后周柴窑，“按图索骥”不失为一条捷径。自打郑州柴窑大讨论开展以来，同好们陆续发贴展示后周柴窑珍藏品，迄今合计约有二十余种了。人们自觉摒弃“真人不露相”的传统束缚，众人“拾柴”积极举证，为破译中华千年柴窑之密码作出了贡献。

根据发稿前的对禹州仿古市场的调查，后周柴窑不再属于仿制盲域，眼下鉴藏须得仔细加以甄别，最好还是与后周柴窑鉴藏家们取得联系，上手真品，借此积累相关经验。笔者认为，研柴活动需要不断涌入新鲜血液，方能使之袍冠整肃，旌旗飞扬！

撷英咀华相唱和

在鹏飞兄指定网址一睹宝物，大喜过望。不揣谫陋，鉴赏之余遂成一赞句：谢君捧出美爵杯，碧光流溢幻花醉；锥刀泉布元宝嘴，华堂富贵添祥瑞。难得龙柄凤首壶，冠盖五代一尤物；所幸后周佳器存，此珍缘定金玉屋。

此番议论之后，引发鹏飞兄等唱和数首，为增加同好师友的论柴雅兴，掠美见下：酒逢知己愈千杯，意兴未酣人先醉，古币元宝镂空成，翠翡双辉映祥瑞，翡翠孪生龙凤壶，同属五代瓷皇物，尤幸今朝藏娇地，炎黄天下有金屋。

欣悉兄台藏有柴瓷十二生肖，不胜欣喜，汝瓷生肖已属珍贵，柴窑生肖，更为罕有，特别是全套整器，诚可谓绝无仅有，雀跃之情，发于由衷，乃赋七律一首，冀与兄台同赏共贺：

弟拥十二生肖汝，兄藏柴肖十二株，历史长河愈百载，人间若易几兔乌，官汝廿春谓仅有，御柴六秋称绝无，天下藏友同亮宝，千载柴瓷面纱除 。又：

雨过天青云破处，新月娟娟点绛唇，时光荏苒千年过，同与世宗做瓷人。
玉兔辉映花荫处，清风冷露染朱唇，遥思千载瓷皇艺，绛宵青天柴器色。
源于柴周出郑处，盛赞钦羡启于唇，古人来者络绎过，天镜纸磬仅一人。
瓷皇御批觚壶瓶，光洁如镜带奇纹，仿若天青酷玳瑁，如纸纤薄似磬声。
华夏幸存柴器在，色若天青点绛唇，金秋九月后周地，相约共勉郑州城。
家乡人兄续句：诗唱柴窑美，瓷和佳句酣；至今思名窑，一梦到君前！

鉴赏琴筝体验同

筝和琴有着密切的渊源。古琴是集传统文学、美学、哲学、音乐精华之大成者，但因其深邃的音乐意境不易为人理解，甚至在不同琴家之间也未必能形成共鸣。古筝则雅俗共赏，它通过清脆委婉的音色与韵味，比较直接把传统文化的内涵传递出来，受到人们喜爱。

古筝与古琴不单是构造上不同，乐理方面也有差异。古筝音高，加持力强，铮铮然也。它就像风华正茂的年轻人极具张力，但是缺乏一点刻骨铭心的意境。古琴音量小，显得内向，只有在特殊环境下才会打动人，而被感召的首当其冲是弹奏者自己，古琴知音可遇不可求，弹奏古琴的境界，或许只在于演奏者的心境妙和于自然。它像似一位饱经风霜的智者使用低沉声音在讲述，耐人寻味。

真没想到，听雨轩关于古琴和古筝的相关描述，竟与笔者鉴赏柴窑器物时的心境暗相契合，换言之：当您端详北宋柴窑时，就像是在聆听悦耳的古筝，心事荡漾，对境演绎出御园里的牡丹，晴日下的杜鹃，朝露中的石榴，能醉其心；而鉴赏后周柴窑，则与弹奏欣赏古琴相似，凭空幻化为山谷中的幽兰，浮云下的竹海，清溪旁的水仙，意境悠远。

下面依循东汉末年才女蔡文姬的胡笳韵律，慢吟出一拍：柴窑本自五代宋，鉴赏琴筝体验同。千余年兮曲虽终，响有余兮妙无穷。乐理随人心事兮有变则通，是知磁土微妙兮均造化之功。周与宋兮异时殊风，天与地隔兮母西子东。乐吾研判兮上达于苍穹，六合纵横兮求索之无穷！

“四如”准则之辨证

民国初年，身为琉璃厂萃珍斋掌柜的赵汝珍，是清末大理院少卿、著名古玩家余戟门（余启昌）的女婿，古玩知识庞杂广博造诣精深，业内门道秘技了熟于胸，所撰写的古玩类书籍成为收藏界的权威参考书，影响了数辈古玩收藏爱好人士。赵先生在《古董辨疑》中提到后周柴窑时，围绕“四如”准则发表过一段充满着辩证思维的议论，读后深受启迪，摘录于此。

先生云：柴窑之四大优点，研究瓷器者均能言之。惟合于此者固为柴器，其不合于此四者亦不能谓皆非柴器也。即如青如天一语亦不尽然。盖柴器固以天青色为主色，但尚有他色，据《博物要览》则知尚有虾青、豆青、豆绿等色，不止天青一色也。要之柴器之颜色，其深浅之度完全凭赖机遇，绝非完全人工所能操纵者，从来如斯，于古为甚。如必谓某窑之瓷必某一律之色，是欺人之谈也。以故虾青、豆青、豆绿等色亦即天青之变化色，在柴器必能有之。至薄如纸一语，有谓系指釉汁言，非指瓷胎言者。按釉汁薄亦非难事，其他瓷器亦常有之，且从来评瓷者并不以釉之薄厚分优劣也。若然，则均窑、元瓷何以亦为世宝也？

若声如磬，更不足奇，只要瓷薄形圆、体大，均能作磬声。今日北京小摊上常有出售之仿宋大碗，击之皆磬声，并不足奇也。至明如镜，亦非瓷器之美点，此固研究瓷器所晓然者。总之，柴器之妙固已毫无可疑，惟用此数语以赞扬，是足以侮之，辨柴器者绝不可仅以此为据也。

以上分析到位，若非深入实践、精深研习者，断不会出此精当之评议。既讲四如（青如天、明如镜、薄如纸、声如磬）准则，又辩证地对待它，仍是当代鉴藏后周柴窑的指路明灯！

信马由缰问石炭

明代嘉靖年间，翰林院学士、山西提学副使陆深不耻下问，就女娲炼石补天遗灶的传说遍询当地土人、耆宿和学士大夫，同时又考察了平定一带民间烧旺火“补天”的壮观场面，在他写的《河汾燕闲录》中得出了权威性的结论：石炭就是煤。东北人称为渣，南方人称为煤，山西人称为石炭。平定生产的煤尤其好，坚硬而又乌黑发亮，火力极旺，史书上说女娲氏炼五彩石用来补天，现在她遗留下来的炉灶就在平定的东浮山。我说这就是历史上烧煤的开始。这一结论也为提倡“经世致用，亲躬践行”的明末学者顾炎武所赞同，他立即否定了自己原先认为烧煤之始在汉朝的观点，而采用了陆深的观点，并将上述发现全文收进他的《天下郡国利病书》。（此节摘录于《山西采煤史话》）

提出后周柴窑烧制莫非与烧煤有关的问题，端奈柴器上留有残存灰烬所引发的联想。灰烬是黑色物，用餐巾纸擦拭，可见黑色尘垢。究竟为什么？难道真是当代人的“恶作剧”，抑或是五代人特殊的烧窑方式。从《山西采煤史话》中不难知晓，华夏祖先烧煤历史相当悠久，后周御窑会否采用煤炭作为烘焙燃料，这确实算是一个问题，尽管证据略有些不足。

毕竟松木柴块在燃烧时同样会释放出黑色浓烟来，用松木烧出的烟灰，再拌之以漆、胶，甚至可以制成胜过石墨的松烟墨。从开片上分析，柴窑器物的“滋润细媚有细纹”，似乎系由黑色烟尘渗入釉面开片，遂成鬼斧神工般的艺术效果。笔者手中握有证据表明，到了北宋朝沿袭烧制柴器时，为了摹拟其开片纹效果，有时却不得不采用沈珪发明的漆烟墨来打理。

假如柴窑果真与“石炭”脱不开干系，那么人们探索柴窑窑址的余光势必会延至更广阔的地域，如晋西南的古平阳郡，历史上曾经是柴氏先人的祖居地，地图上的临汾市尧都区土门镇有名为柴窑沟的煤矿，其名与河南新密柴窑村、中牟柴窑村亦相仿佛！

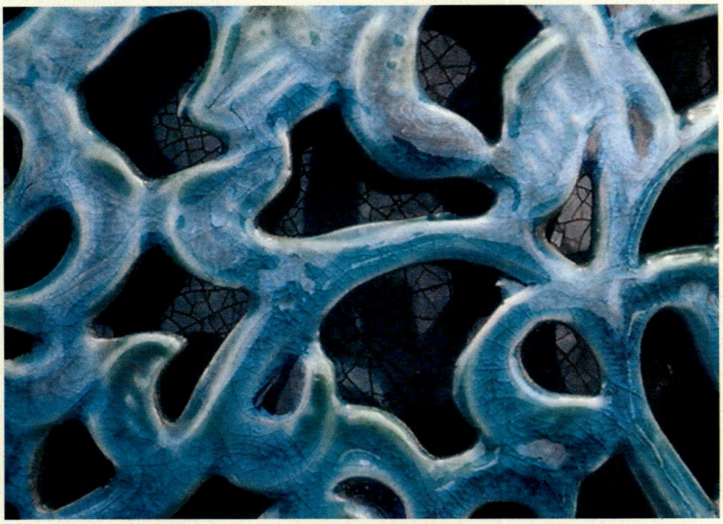

异时殊风隔周宋

薛居正所著《旧五代史》的晋书章节提到："二月辛卯，改东京玉华殿为永福殿。""庚子，以天和节宴群官于广政殿，赐物有差。""己卯，改明德殿为滋德殿，宫城南门同名故也。"及至查阅至后周书，其间又见："五月丁丑时重修永福殿，命延希督役"，"太祖乃力疾坐于滋德殿，殷入起居，即命执之。""显德六年春正月丁未朔，帝御崇元殿受朝贺，仗卫如式。""癸巳，帝崩于万岁殿，圣寿三十九。"

永福殿、广政殿、滋德殿、崇元殿、万岁殿等，是时应为五代后周时期东京（汴梁）城内的主要宫廷建筑。此外，还有"端明殿"、"集贤殿"的记载，疑是当时机构设置，不拟作为宫殿名称相对待。

知悉了以上诸点，也就为那些打着皇后阁、成王殿、柴王府、内府、奉华、禁苑、尚食局、尚药局等宋代宫廷建筑和机构设置名号的器物，之所以不能够归属于五代后周，提供了具有说服力的旁证；其次，从釉面上来观察，柴周式的色彩自成一系统，由鲜碧（天青）、海玳瑁、淡青（虾青、豆青、豆绿）三类色分集成，而北宋柴窑瓷器的颜色种类繁多，应有尽有，用五彩缤纷也未足以形容；再次，从器形特征上考量，后周柴窑形制奇特，古意盎然，因年代不足而在式样上受到了数量局限，而北宋延续时间较长，柴窑瓷器的表现形式极其丰富，二者在式样上绝少类比及雷同之处。尤其令人称道的是，柴周式器物上面的那些凸起描绘的篆书，外人只可用“古奥”二字来形容，此类款识到了北宋初期已渐式微。既然有了这么多的不对称和不相应，难道人们还能认为它们是对前朝器物的单纯摹仿吗？仿制就得不走样，处处都走变了样，那么就只能确定它们归属于各自（后周，或是北宋）所独具的时代艺术特色了。

柴字款识考于人

康熙字典解释:【说文】小木散材。【礼·月令】收秩薪柴。【注】大者可析谓之薪,小者合束謂之柴。又【说文】徐锴曰:师行野次,竖散材为区落,名曰柴篱。再据鹏飞兄摘录之《说文解字》章节,可见“柴”字,不单纯取“小木散材”之束,还兼有倚依之意。由此略见古人造字时的细心。

据家乡人兄推测:鲜碧色的柴窑品底款多书“爿柴”,意思是柴家瓷器的意思,这在其他窑口的瓷器中也有类似的碧蓝色,就是说这个类型的瓷器也许就是早期的商业瓷器,就是柴王爷推车销售的瓷器品种,这个推断我们也可从其器形的媚俗中得到些认识,但那些虾青色的柴器却很少书“爿柴”底款,而只书“疒柴”,由此我想是否原来的柴窑是为商业制作,而后来郭荣做了皇帝后就不再以商人自居了,而赋予皇家瓷器的御窑作坊?

上说尚无史实予以证明,综合收藏情形来看,虾青色、豆绿色和海玳瑁色的柴器上,均不乏带有“爿柴”的底款出现。综合分析大周柴器采用的底款格式,予以为,“爿柴”只不过是“柴”的篆书而已。认真考察起来,人们似乎不能排除古之柴字,先就带有“广”字偏旁,或是尚有竖立于左边的“爿”,如同“床”的异体字“牀”,后来演变成为加了“广”字头的“床”。无论是“爿柴”,或是“广柴”、“疒柴”,并无特殊含义在内,“爿柴”为同义异体字,“广柴”、“疒柴”为异形繁体字。顺便提及一点,“疒柴”于某些大字典中尚可查阅得到。

旷世奇珍轻松认

大音稀声,要言不烦。予以为,对于后周柴窑的鉴定识别,远没有人们估计的那么困难。故删繁就简,特别提出“一分三认”理念,供各位同好推敲思考。一分,即确立起柴窑分期的观念;三认,从色彩与造型着眼识别。如果色彩符合,检测器形与款识皆无差错,暂时就不会有太大的问题。

后周柴窑的色彩,一如前述是自成系统的。目前已发现的仅三类基本色彩：鲜碧色（天青色）、海玳瑁色（绛霄色）、淡青色（虾青、豆青或豆绿色）等。从公元1787年，大清乾隆皇帝御题《咏柴窑碗》所吟："都为黑色无青色，记载谁真实事谐"来解析，尚有黑色器物一类未见面世。值得庆幸的是，予所收藏的海玳瑁色和淡青色系列后周柴窑，差不多囊括了截至目前在网络上能够检索到的所有器形。一俟条件成熟时，笔者将陆续公布。之前予保证，如有藏家贴出后周柴窑，凡与本藏主系列收藏品中有相类的，当与之配对结成识别系列。

前些时日，从马玉希兄在《大河论坛·收藏鉴赏·郑州柴窑大讨论》所转发的台湾嘉义成化堂早年藏品中（排序第26位者），发现有后周柴窑卷狮（太狮少狮）摆件列在其中，由此对于上述认识起到了强化作用。

"一分三认"的理念随着时间推移会发生改变，因为相关的仿制品会随之涌现。因此，隐藏一些"法眼"当属应对策略。就以下图的"后周柴窑塔式盖龙凤壶"而论，人们仅从图片上看到其表象，而究竟盖内隐匿着什么玄奥，欲知详情，待看与收藏人士的缘分了。论及此处，相信包括鹏飞兄在内的同好师友已在"拈花微笑"了。（图中藏品由鹏飞兄提供）

香炉文化窥周柴

我国的香炉文化可以追溯到商周时代，古代的青铜鼎，不仅用以烹煮肉食，还有祭祀祈福等用途。时下流行一种观点，是后周皇帝郭荣，开启了以陶瓷礼器代替青铜礼器的先河。让我们穿越时光隧道，追逐并领略情景交融的后周柴窑的香炉文化。

香炉文化起源于人们的祭祀活动。其主要用途在于燃香熏室、敬神供佛，时间久了，一些小型的香炉则逐渐成为文人把玩之物，置于厅堂或摆于书房案头，不仅适用，同时具备艺术欣赏价值。偶尔点上一炷香，平添了读书时的情趣和意境。从杜牧诗云："南朝四百八十寺，多少楼台烟雨中"，以及"炉香乍热，法界蒙熏……"等赞语中，可以窥见香炉与宗教的渊源。有据可考的博山炉，乃汉太子宫所用者，香炉之制是否始于此，目前尚无定论。

后周显德年间的香炉文化，沿袭汉、晋、隋、唐风尚。几款柴窑香炉，美轮美奂。

叠蟠桃式香熏炉，由上下两部分构成，可以自由开启。上半部由镂空枝叶构成蟠桃，顶部带有出烟孔的小桃，桃下串联圆柱形空心烟道；下半部的浮雕枝叶图案浮现于一只大蟠桃上面，器物底部由三只小桃进行支撑。从上到下重叠（浮雕）有八只桃子，造型生动，饶有情趣。可与"东汉越窑褐釉香熏"的巧妙构思相媲美。

双重顶圆殿式香炉，式样精巧，大器小作，采用双重顶圆殿式样。两层镂空花纹、四面嵌门利于散烟，腹腔外壁作浅浮雕卷草纹饰，为便于上香，顶尖设计为活件，方便安上和拿下。炉底三虎足，五爪抓地，雄健沉稳，彰显大唐遗韵。

三足鬲式香熏炉，形式大方，色彩鲜艳。炉口开敞，边饰鼓丁，炉腹双层外镂空菊花纹，特别引人注目的是，竟以人形俯首跪拜状作为拎耳，后世则演绎变化成为鱼耳，传统的三足鼎立式，乃以象之长牙卷鼻作为支撑，隐含有江山永固的深刻寓意。

釉面成分堪称绝

五代柴窑之所以被累世捧得高高，除了耳熟能详的十二字铭，重要一点在于其釉色成分的特殊。“珍宝入瓷”工艺最早就起始于后周，据清《南窑笔记》记载：“柴窑，周武德年宝库火，玻璃、玛瑙，诸金石烧结一处，因令作釉。其釉色，青如天，明如镜，薄如纸，声如磬。”此后，北宋汝瓷的光泽，即源于“内有玛瑙为釉”的历史记载；到了明代初期，云南保山烧制出晶莹剔透的“永子”来，盛传宣德一朝烧制祭红器、红鱼靶等，皆系以西洋红宝石末研入釉料；直至清代，“珍宝入瓷”工艺东渐日本，形成为世人注目的“七宝烧”来，则属于后话。

程村《柴窑考证》记云：“滋润细媚，色异制精，为古来诸窑之冠，非后人所能伪为。”直白说来，是讲后世若要仿制出后周柴窑，是不大有可能的。究其因，原料配方的特殊性就是一大障碍。试想，且不论需要弄清楚当年有哪些入釉的成分，即使知道，诸金石比例几何也同样显得重要。笔者放胆预言：除非是国家意志主导下的政府行为，汇集各地能工巧匠，不惜工本和时间代价，方能有所成就外，舍此，恐怕难以烧制出像模像样的大周柴器来。

试问一句：宋元明清，加上民国，延至今日，谁真的见到过后周柴器仿制品？有民国时期的程村居士，曾言后周柴窑“非后人所能伪为”，必是经过长期鉴藏考证后，才讲出来这一番实诚话。

有藏兄欲以古瓷的“返铅”现象说事，殊不知部分唐三彩器物表面釉中含有高达25%左右的铅成分，时间长了，条件成熟时铅分子会跑出釉面来，形成人们常说的“银斑”，通常蓝色釉面的返铅现象突出，颜色也自然。但如果不分析其成分构成，习惯以返铅以及蛤蜊光现象作为研判古瓷器的惟一依据，则会见木不见林，君不闻元孔雀蓝釉、明霁蓝釉也多未见有返铅现象等，即是明例。

后周柴窑三辟邪

辟邪是古代传说中的瑞兽，早在春秋战国时代就有了其造型。古时人们经常要举行仪式，比如说念咒、跳神、祭祀、祈福等等，需要借助一些外物，艺术中的辟邪也就应运而生了。《小尔雅·广言》：“辟，除也。”可见辟邪之义，是驱走邪秽，袚除不祥。民间素有“一摸辟邪运程旺盛，再摸辟邪财源滚滚，三摸辟邪平步青云”的说法。如此看来，辟邪成为国人喜爱的居室摆设及收藏品，乃属情理之中的事情。

笔者接触的后周柴窑当中，摆件占据一定比例。其中，尤以辟邪瑞兽给人的印象深刻。一来因为其形式多样，二来器物上皆有阳文凸起，字迹奇古，不免激发起人的探求欲望。下面对柴窑辟邪瑞兽摆件——貔貅、獬豸、卷狮分别介绍。

貔貅（读音皮休），头安一角，口张齿露，目含凶光，大肚圆腹，卷尾上扬，足踏钱幅。据传这只凶狠的瑞兽，食各种猛兽邪灵，护主心特强，被人们作为镇宅辟邪使用。瑞兽吞金食银，只进不出，神通特异。

獬豸（读音谢至），形似牛犊，预作攻击状，两侧有双翼，神态威猛庄严。神话中獬豸是吉祥之物，它只有在履行重要使命时才出现。獬豸又名独角兽，拥有高级智慧，能辨是非曲直，能识善恶忠奸，是执法公正的化身。

卷狮（太狮少狮），颈部环有九个旋儿，蹲足间伏一幼狮。据友人介绍，狮子为汉唐以来的吉祥崇拜，民间有“百兽畏象，象畏卷狮”之说，五代年间，中原地方长期遭受北方游牧民族的侵扰，卷狮崇拜或许有其护国安民的象征意义。

后周辟邪瑞兽的诸种形式，昭示出生活于频繁战乱年代的五代后周显德年间的先民们，对于安居乐业的向往，对于国家强盛的企盼，对于吉祥富足的诉求，感情是多么的真挚而热烈！

参禅尊者吾是谁

我是谁？历来只是参禅者修行时所提起的话头。后周柴窑十八罗汉中的这一位，究竟由谁扮演呢，从字面上辨认，它像是一个进步的“进”字，但从语义上分析可能性甚小。五百罗汉中，曾经出现过一个叫奋讯的，可“讯”字怎么能如此书写哩。如果以上两位皆不是，问题来了。中华佛学传统文化中一位尊者，却在历史的长河中湮灭了。不管怎么说，出现了问题未必不是一件好事情，可以顺藤摸瓜，或是追根究底，为解读佛学文化历史人物提供了新的线索。

仿制高手难以杜撰出为当今所不理解的人物出现。本着如此认知，烦请高手继续参与攻关，辨认一下这件东东底座上的菩萨名字，如果图片不甚清晰，那么还可以结合自己的收藏继续上清晰图片。另外，将书写有上“工”下“火”的篆字直译为“面”，尚不知道正确与否？恭请藏界高士应对解答，共同为以上两位五代菩萨晋身开光。

大寒时节说南瓜

南瓜因产地不同，叫法各异。又名麦瓜、番瓜、倭瓜、金冬瓜，台湾话称为金瓜，原产于北美洲。南瓜在各地都有栽种，嫩果味甘适口，是夏秋季节的瓜菜之一。老瓜可作饲料或杂粮，所以有地方又称为饭瓜。寒冬时节，以南瓜主打做成的栗子粥，具有养生功效。

后周先民曾经将南瓜用于器形装饰，柴窑南瓜瓶即为例。夺目的鲜碧色器皿，整体看上去像是一朵瓜花，器壁上凸现长蔓植株，蔓藤上牵着两个表面有着纵沟和隆起的瓠果，另有一朵刚刚谢去的瓜花。适应整体设计风格，器耳亦采用了南瓜平面造型，富于情趣。后周柴窑南瓜瓶是为一位友人的新近收获。俗话说得好：“种瓜得瓜，种豆得豆”，瓜不会平白冒出，豆也不会凭空成熟，惟有不懈地耕种加之培育，祝愿各位同好师友在新的一年中，在柴窑鉴赏与收藏的事业中取得双丰收！

（附图由藏友家乡人兄提供）

十八罗汉侃限佛

后周柴窑十八罗汉的现身，不免会引发藏界朋友的唏嘘声。究其原因，就因为历史上发生过“三武一宗”教难之厄，具体指北魏太武帝、北周武帝、唐武宗和后周世宗时期的“灭佛”，郭荣正好为其一宗。不过凡事皆有来历，求取甚解方入正轨。笔者作了一番调研后认为，事情或许并不像人们想象中那样。下面摘其要义的，是为专于世宗限佛研究的新成果，见之于《文史哲》期刊 2003 年第 04 期中的《后周世宗文明限佛析论》，论文作者张箭。

世宗其时，当值唐末五代，战乱不断，人民苦难深重，信佛者大增，到处创建寺院，私度僧尼。寺院占有大量土地，严重影响了国家的税收和社会的稳定。更有甚者，佛寺成为逃兵和罪犯的庇护所。为革除其弊，世宗郭荣下诏限佛。世宗限佛是最为温和、文明和理性的一次，其限制整肃措施既严厉又有序、周全斯文，对无寺院的地方还批给赐额增设寺院，实行“学而优则僧”，建寺赐额、剃僧度牒、出家试经，成为驾驭佛教的三条羁縻，凡与佛道二教相关的愚昧野蛮、迷信巫术、狂热行仪都予以禁止。限佛措施取得明显成效，既增加了农业人口和国家赋役，又提高了僧尼素质，对佛教的健康发展有着重要意义。显德二年，“是时中国乏钱”。郭荣从战略全局出发，合理配置铜资源，下诏“禁天下铜器，始议立监铸钱”，既销毁多余的铜佛像，废止官府的铜鱼符以铸钱，“颁铜禁”遭到佛教徒和朝廷大臣的反对，世宗沉着应对，搬出了“舍身饲虎”的典故，他说：“佛祖说以身世为轻，以利和为急，使其真身尚在，敬利于世，犹欲割截，岂有所惜哉！”驳得反对者哑口无言。据传，周世宗曾经带头捐出宫廷中的铜质祭祀礼器，令窑工烧制一批仿商周的青铜鼎、簋、尊、觚、炉等的祭祀陶瓷礼器，大件的皇宫使用，小件的作为赏赐礼品。

回头思量，既然后周显德年间的限佛措施，正如所颁诏书言：“将隆教法，须辨否藏，宜举旧章，用革前弊”，而非旨在灭佛，那么柴窑十八罗汉摆件现身，也就自当不足为奇了。（参见书末后周柴窑精品图示）

装饰技法夺天工

诞生于晚唐五代时期的后周柴窑，集装饰和制作工艺于一身，称得上我国古代陶瓷艺术宝库中的一只奇葩。后周柴窑的装饰技法，有剔划花、范模成型兼印花、贴花、捏塑、镂空多种。与专以造型取胜的龙山蛋壳陶相比较，在艺术表现手段方面，两者既有相似之处，更有差异之分。单纯从其器物表层莹薄这一点看，后周柴窑无疑是从新石器时代的龙山黑陶文化中借鉴吸收了宝贵的艺术滋养。

精妙的镂空装饰，是后周柴窑与龙山黑陶的共同特征，其相似之处在于均能在 1 毫米左右厚度、半干的坯体上走刀游刃，镂雕出令人眼花缭乱的图案来，着实惊煞天人。与龙山黑陶单层镂空有所不同，后周柴窑的外壁尽管也极尽镂刻之能事，还能够与内腔形成间壁，透视出里面的若干层次，繁花织就的外层，包裹并屏障着内部结构。这种巧妙复合，不仅增强了器物的抗压性，使得薄胎器质得到较好维护，同时也提升了器物的精美程度。从形象思维到表现手法，不难看到，后周柴窑偏重于写实，常以人物、野兽、花卉、植被、山峦、云彩等为具体描绘对象，而龙山黑陶多是采用较为规则的圆形、菱形、楔形、正方形、三角形、椭圆形、水滴形等抽象图案。

相对而论，后周柴窑的剔划花手法使用的比较少，采用的是花卉、游鱼等变形纹饰；而龙山黑陶则惯用特殊的划花工艺，即在坯体研光之后，剔地划出几何纹饰，与乌黑发亮的器表形成视觉对比，明显增加了器物的装饰效果。

见于贴塑方面，龙山黑陶，除有鼓钉、盲鼻等贴塑外，鸡冠耳、环形耳等捏塑装饰工艺屡见不鲜。而后周柴窑自然要丰富许多，如儿童、莲蓬、蕉尾、蝉足、象鼻等，捏塑拎耳的式样繁多，经发现有牡丹花耳、菊花耳、南瓜耳、犬首耳、鸾鸟耳、喙具钩耳、游鱼耳、兽面耳等不一而足。通常会使人意识到整体塑造，贴成补充；贴塑难分、完善统一。

新月娟娟点绛唇

在中国陶瓷史上曾经留下过脍炙人口的一段佳话：五代后周世宗郭荣时所烧器物名为柴窑，相传当时陶器艺人请示瓷器的外观样式，世宗大笔一挥，批示道："雨过天青云破处，者般颜色作将来！"令人扼腕的是，此段往事未呈全貌。闲暇无事时，拾起前辈口传心授之回婴忆忘功夫，推演那一段历史公案，将鲜为人知的史实加以廓清，即作故事新编。

显德年间癸丑夏末一日，皓月当空，凉风习习，喜好黄白术的世宗正与华山服气士陈抟在长命宫中畅谈甚欢。虢州防御使兼任督陶官职使的柴桂，急急进得宫来，君臣礼毕，郭荣问因何事夜晚上殿，只见柴桂小心翼翼地揭开锦奁，把一件鲜碧色的富贵瓶献上，奏道："臣弟承命烧制宫廷供御时已足六月，终成气候，此'富贵宝瓶'刚好烧成，特意献上供皇兄一览。"世宗顺手接过，只见那宝瓶色泽正碧，釉面匀净，宝光内涵，镂空间壁处隐现出"富贵"字样，真个是青如天，明如镜，薄如纸，声如磬。唯后周所独有，其他窑口所不及。荣龙颜大悦，遂捧交于抟老目视，更对其嘱咐道："先前朕有一言'雨过天青云破处'，今日观之，果然不差分毫，今日可否向先生更请一款。"抟也不推辞，转眼径向窗棂外望去，此时空气中充满了不寻常的味道，一望无垠的夜空，蓝得像是洗过一般，除却明月一轮，不见一朵去来点缀。正巧一名宫女捧茶过来，只见娟人薄施脂粉，将一头柔黑的发梳了个端正的髻，秋水般的眸子便清灵地印在小巧而精美的脸上，楚楚动人，娇俏玲珑，嘴唇桃红，俊眼修眉，风姿娟娟，一身绛色衣服更是衬得她肤若白雪，扫走七月的酷热。把个在武当山九室岩服气辟谷二十

余年的真人神仙一时怔住了。抟脱口而出："'新月娟娟点绛唇'，可与先前那句'雨过天青云破处'成天地对应之势，全其阴阳济等之理，未知陛下圣意如何？"世宗大喜过望，连连击掌称好。随即传圣谕于柴桂，依言办理烧造。

《进呈〈富贵瓶〉感事抒怀》

柴桂进呈富贵瓶，碧光滋润藏细纹；疑是酒酣魂梦里，却知此响非俗声。

月白风清真人在，喜添娟娟点绛唇；将进景阳三斛春，不向李白哭宣城。

世宗吟毕，是为欢畅，吩咐备好酒菜，与仙家陈抟一同登临凤凰台前，把酒临风，但见窗外波光桥影，飞鸟歇枝，鸬鹚搏鱼，兰桡画舸悠悠去，一曲笙歌汴水滨…… 时值史官窦俨偶染风疾，疗养期间未当值，给后人留下遗憾。（网络图片经由合成处理）

藉席龙材起困惑

清宫柴窑旧藏，曾经引发出清高宗咏柴窑的四首诗，其中涉及枕头的占到一半，难掩弘历对其的特殊珍爱。如乾隆丙戌御题《咏柴窑枕》：遵生称未见，安卧此何来？大辂椎轮溯，春天明镜开。荐床犹蟹爪，藉席是龙材。古望兴遐想，宵衣得好陪。坚贞成秘赏，苦窳漫嫌猜。越器龟蒙咏，方斯倍久哉。又如，乾隆辛丑御题《咏柴窑如意枕》：过雨天青色，八笺早注明。睡醒总如意，流石漫相评。晏起吾原戒，华袪此最清。陶人具深喻，厝火积薪成。

透过诗词所传递的信息，得以引申出如下意涵：宫藏柴窑枕头为"过雨天青色"；因有"荐床犹蟹爪，藉席是龙材"之说，故疑其形似鱼化龙；釉面感觉就像"流石"一般，清流石上滑，浪花堆琉璃，有如秘色越窑一般备受人们推崇喜爱，乃生发出"春天明镜开"的视觉感受；作为一件安放于皇宫内寝处的秘赏器物，常会受到弘历把玩欣赏；“遵生称未见，安卧此何来？”这里暗示此枕非是活人可以消受的。明·高濂的养生学专著《遵生八笺》，在前后吟中均被提及，不仅折射出清高宗浓厚的鉴赏情趣，同时还反映了乾隆有着较高层次的养生素养。

可以确认，此枕仅作为宫廷陈设供作欣赏。道理简单，乾隆前后吟诗之时，分别为55、70岁的高龄，如此薄质，安可持续堪用？倘使一不留神，枕头破碎事小，伤了龙体则会连带影响到国体。所以左思右想，予以为乾隆爷当年触景生情，向着鱼化龙枕上作安卧状的塑童，借题遣兴漫评，发挥其“睡醒总如意”之感慨罢了。（附图经由合成处理）

四灵信仰秘相传

清高宗弘历丁未御题《咏柴窑碗》有：“冶自柴周遂号柴，冠乎窑器独称佳。镜明纸薄见诚罕，足土口铜藏尚皆。内府数枚分甲乙，夷门广牍类边涯。都为黑色无青色，记载谁真实事谐？”之吟；而另一《咏柴窑碗》诗云：“色如海玳瑁，《青异》《八笺》遗。土性承足在，铜非钳口为。千年火气隐，一片水光披。未若永宣巧，龙艘落叶斯。”

两首诗词明确无误地宣示：清宫中确曾收藏过黑色、海玳瑁色釉面且带有

"柴"字篆书款识的柴窑器物;北宋朝匠师习以金、银、铜圈为古瓷镶口作饰,而海玳瑁釉色的碗上的铜口乃自然生成,非人工所为。据家乡人兄的解释,在诗词末尾乾隆爷的漫评采用了反证式:人们要懂得欣赏柴窑的美妙呀,不要以为它的外表不如永宣瓷器乖巧就否定它,那样就未免轻视古人的鉴赏水准了,除非是紫檀材质的龙船上真要落下树叶来了,有此种可能吗?!

除了予在2009年10月下旬的参会论文《后周柴窑色系研判》中提到的三种基本色调,即:鲜碧色(天青)、海玳瑁色(绛霄)和淡青色(虾青、豆青、豆绿)外,再以乾隆御题诗为参照,预留下黑色一类空间,待实物出现予以候补。补上黑色调子后,这时您或许感到惊讶,奇哉!大周色系竟然与四灵神兽(又称四相或四象)色调符合好,对应度也高。

真乃妙不可言也。鲜碧色对应青龙,"青龙"为东方之神,五行属木色青;淡青色对应于白虎,"白虎"为西方之神,五行属金色白;海玳瑁色对应朱雀,"朱雀"为南方之神,五行属火色红;未现黑色对应玄武,"玄武"是为北方之神,五行属水色黑。合起来则代表四方神灵生机和顺,元亨利贞,总体象征寓意了——国家繁荣,盛世太平!

难道说诞生于千年以前的后周柴窑,果真蕴涵着无人知晓的"达·芬奇密码"么?

(附图经由合成处理,黑色器乃虚拟非实物)

梦历拔根芦柴花

故事新编：显德三年葭月某日，后周世宗忙里偷闲，兴致勃勃地来到荥阳皇家禅院洞林寺，探访睡仙陈抟。进得院内，远远看见 14 岁的柴花公主，正在习练自己在少林武技上加以改进的柴氏拳术，一招一式均颇显技巧，正看得高兴，被花扭头望见，含嗔道：“父皇来时也不声张，偷看人家习练！”“儿之武艺，端奈父皇教授，有何见不得朕的？”荣响应之际，再发讯问：“神仙此时安在山上？朕正想前去拜访他老人家。”柴花但听像似慌了神，忙不迭地复道：“哎呀，俺正急得不行吔，自打前辈进得大周山来，就一直久卧不起，迄今已过五旬，昨日却突然就没了踪影，留下父皇送他的那些官服契印，只拿了当初俺孝敬他的那件虾青色水匜鸭上路，还给父皇写了两卷偈颂在写字崖边。”郭荣从侍从手中拿过偈子，展阅念道：“公主赐宝水匜鸭，梦历拔根芦柴花；君去宜驻水神山，周宋相接步云涯。弃捐陈桥让位功，铁券丹书何似咱？日暮征帆何处泊，孟丙之邑有仙家。”另一偈则云：“好块木头，茂盛无赛；若要长久，添重宝盖。吾皇柴公，尘世浮荣；相将翠烟，转觉寰梦。”世宗观之，良久未语，面色渐渐变得凝重。末了，只见他缓缓转身，向着抟翁下榻过的南山方位，深深作了一揖。将前一偈交与公主，嘱咐道：“此偈乃专为皇儿未知先说，朕恐天意难违哟！往后岁月一路风尘，且遵真人所言去做便是。”世宗仰天长叹一息毕，吩咐起驾回宫。

以上情景，乃仙师所托之白日一梦。醒时朦胧时分，但见一纸仙鹤倏忽入得宅来，翩翩停滞于案几之上，趋前凝神观赏之际，化作后周柴窑鸭式水匜，如行湖面，华腴暗滋，色光恰似苇海花絮一般！（附图由网络提供，此处经由合成）

别开生面一禹壶

在已经发现的后周柴器中，最让人爱不释手和心旷神怡的，恐怕要数禹壶尊了。该尊为圆口、直颈、广肩、鼓腹、圈足。器物以凸起绹纹将颈、肩，以及上下腹部横向分隔，陶纹之间形成宽带，上面饰有古人活动场景，纹饰复杂，类似于汉砖浮雕像的人物、动植物栩栩如生，充满着浪漫主义的艺术魅力。腹下部至底为素面。

这件疑似酒礼器，造型古朴典雅、端庄别致，简约中有繁复、明朗中有神秘，是一件风格清新的古代陶艺珍品。禹壶尊上的纹饰，“重世俗”的表现尤为突出，它不仅反映出当时社会生产力的发展状况，也形象描绘了后周先民的文化风俗。器物历经千余年仍保存完好，对研究酒器到礼器的嬗变，探讨五代后周的历史文化均具有研究价值。

晚唐五代时期，范模成型、细线划花兼印花的陶饰技法得以普及和发展。禹壶尊所采用的是其独特的范模成型工艺，壶尊两侧贴塑铺守（户守），从襄汾出土的战国采桑人物青铜壶的冶兽首衔环装饰中，不难发现二者之间的艺术传承渊源（参见赏柴系列之五附图）。值得庆幸的是，鲜碧色、海玳瑁色、淡青色的禹壶尊，目前均有发现且已收入囊中。

禹壶尊所载信息丰富，几乎囊括了当时的主要社会生活，不仅有祭祀、射箭、读书、拜师等活动场景，也有放牧、耕耘、划舸、欢庆、嬉戏的画面示现；不仅有官员、武夫、秀才、农人、儿童人物充斥其间，还包括日常生活中常见的鸟类、鱼儿、马儿等生动形象。邀约友人一边品茗，一边观赏这一幅幅充满生活气息、五代版本的《渔樵耕读图》，令人目不暇接、浮想联翩！接下来，还是让我们宁神静气地欣赏这别开生面的古代生活画卷吧。

狩猎场景蒙太奇

从大自然中获取食物，是一切动物与生俱来的本领。采集和渔猎，成为远古人类生活中的头等大事。五代后周距离今天已逾千年之久，但在这件双层镂空雕饰的狩猎图案，依旧反映出此一时期人类狩猎与农耕的蛛丝马迹。

狩猎是先民的重要生存活动。原始社会时期，从华夏民族的始祖炎帝黄帝到尧、舜、禹，都相继活动于中原大地上，在漫长的岁月里过着原始采集、原始狩猎的生活。《旧五代史·世宗纪五》也有“甲子，帝狩于近郊”的记载。当我们凝神于此件“狩猎图纹蝉足奁”上那一幅幅狩猎场景，就像是在观赏反映五代时期先民生存状态的鲜活画卷。您瞧：

图一：勇士挺茅向前，与激疯了眼的蛮牛对峙，尖角相向，真乃生死一线。

图二：一人策马扬鞭，麋鹿作疾速奔跑状，荣辱垂成待见分晓。

图三：谁家男儿如此威风，敢与斑斓猛虎相搏，只见他骑伏于猛兽之上挥拳猛叩，一女子站在旁边鼓舞呐喊，如此激烈的场面，此刻的心无疑已经提上嗓子眼儿，她将两手按抚胸前，状若为之祈祷。

图四：有人策马冲向前方，不远处有一只山鸡中箭，正从空中坠落……

滋润细媚难匹敌

明代曹明仲《格古要论》云："柴窑……天青色，滋润细媚，有细纹，多粗黄土足，近世少见。"予以为，"滋润细媚"实可作为后周柴窑的第一鉴藏要领。

"媚"字释义，多数用以形容女性具有极度的美丽和吸引力。后周柴窑那特有的妩媚动人，其根本也就在于其釉面的魅力展现，相对五代时期其他窑口而言，它的釉子显得特别地道。我们只要比较一下同时代的相关窑口，就不难明白这个道理。以那件疑似五代巩义黄冶窑的东东，其釉面开片固然也属细腻，但相对而言略显呆板，后周柴窑的釉面裂纹是复合型的，即在开片中还套着开片，充斥着灵动性，古人称之为"细媚"亦恰到妙处。迄今为止，还没有发现有那个窑口的古陶瓷，抑或是当今仿古陶瓷，能够达到或是超越这样的釉面水准，能够如此"滋润细媚"，妩媚动人！持有不同意见者，烦劳上实物予以演示举证。

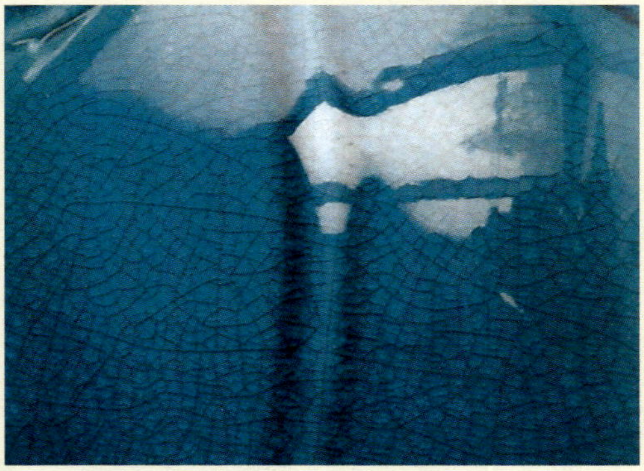

鸭式水匜活水来

"匜"作为陶瓷质水器，系由青铜匜演变而来。古人举行祭祀或典礼时，先要有净手的仪式，故以匜盛水冲洗双手，并以盘承接污水以示诚敬。"匜"成为文房用具始于宋元时期，器身附流或小孔滴水于砚中，故名"水注"；无附流或小孔的，就称作“水丞”。

鸭式水匜（舒凫水注），是举行祭祀或典礼时的水器，还是被当作文房用具使用，尚待细考，但该器成型特色足以为人称道。细观之，匜身乃以鸭身代替，上开下闭，状似水瓢；鸭嘴中空，撮成自然流漕，延伸而下的椭圆形腹部，有双蹼作为底足支撑；鸭身尾端顺势作鋬，方便持握，稍微倾斜，水便自鸭嘴端口畅快溢出。造型巧妙，饶有意趣。

故宫博物院的藏品中，亦有一件唐代邢窑刻花鸭式水匜，通体白釉，双目

黑彩点睛，翅尾上带有凝聚的玻璃质釉，形状式样与后周柴窑鸭式水匜如出一辙（附图右下）。由此看来，在陶瓷业的发展进程中，不同窑口所生产的器物相互之间发生造型艺术交流，以及紧挨着的后朝仿制前朝器物形式的情景，是经常会要发生的。后周柴窑器物的问世，为此增添了又一鲜活的实例。（图片由视点兄在线提供）

四十九式初流布

据《从文赏玉》记载：封建社会的特点即制度进行，凡事都有一定限制。儒

家所说的礼乐兵刑，无不十分严格。封建社会得以维持，即依赖这个严格制度。

乾隆皇帝或曾研习过绝大部分陶瓷文献，他的贡献之一是确立了后周柴窑造型。源见御制诗《咏汝窑瓷枕》中有“汝州建青窑，珍学柴周式”名句，说明柴器呈现出一类规范化款式，并非信手涂鸦，随意为之。在予心目中，“柴周式”有如清中期著名金石篆刻家、书画家陈曼生设计并与制壶高手杨彭年合作创制、被紫砂界奉为经典的“曼生十八式”一般，甚或有过之而无不及。以此为例，结合其型制差异及大致数量，称其为“柴周四十九式”莫不可也。

柴周四十九式，含括祭祀礼器、宫廷陈列用具和供赏赐用的陈设摆件等在内的所有后周柴窑器形在内。祭祀礼器，乃指用以祭天祀祖，缅怀先祖功绩使用，通常指鼎、壶、簋、钟一类。据传在五代后周时期，世宗郭荣曾命窑工比照青铜器形仿制过一批陶质祭祀器皿。截至目前，所发现的存世仿鼎样式，以香炉居多，如凸雕镂空叠蟠桃式熏炉、双层镂空带文字鬲式熏炉、双层镂空菊花纹连盖鬲式熏炉、双重顶镂空圆殿式炉等。沿袭礼器的香炉，或熏室熏衣，或敬神供佛，或作为陈设均可。其次，尚有禹壶尊传世，从所承袭的影影绰绰青铜气韵中，仍不免彰显出祭祀礼器的“王者风范”。

陈设用具，系指陈设于宫廷、厅堂供作观赏的器物，所占比例较大，包括尊、觚、瓶及各种摆件类。予所见有双层镂空孔雀牡丹纹尊、金童玉女盘口尊、双层镂空元宝尊、双层镂空菊花纹尊、凸雕菡萏尊等，文房用品有童子献寿水盂、荷莲纹雕饰童子笔舔（成对）、鹅形灯、舒凫水注（鸭式水匜）、狩猎图纹三足奁、二龙赶珠纹盒、鱼化龙枕（成对）、大周华枕、貔貅、獬豸、卷狮（太狮少狮）、牧鹅少年（莲生贵子）、龙鋬凤流塔式盖执壶、龙凤壶（成对）、元宝式爵杯、菊花瓣花觚、双面开光镂空富贵

瓶、龙凤纹镂空六棱赏瓶、福禄寿喜玉壶春瓶、鹦鹉凤头喙具钩耳瓶、长颈镂空荷莲纹带耳灯笼式瓶、长颈镂空龙纹灯笼式耳环瓶、镂空牡丹纹子母灯笼式瓶、玉壶春瓶、双凤耳镂空凤凰纹赏瓶、细颈犬首耳六方瓶、细颈凤鸟耳六方瓶、菊花耳九月艳菊赏瓶、丰庆鱼耳瓶、长颈方口圆腹瓶、蒜头松鹤照月梅瓶、素面蒜头铺首梅瓶、盘口兽耳梅瓶、漏斗口铺首耳梅瓶、细颈塔式瓶、八方贯耳瓶、南瓜瓶，民俗十二生肖（成套）、道教八仙（成套）、佛教十八罗汉（成套）等。

支烧工艺“三剑客”

《我的柴窑器研究》论及胎料时云：“柴窑器对制瓷原料的加工更加精细，使烧成后的胎质致密。胎体薄，是香灰白胎……胎足无支钉、无垫烧。全器只有圈足露胎。”视点兄对一山兄以上观点提出过质疑：“本人曾见得以支钉烧制瓷技术烧成之造像器数尊，制瓷技术丝毫不逊于圈足露胎时期作品。”家乡人兄揭示：“支钉烧不是宋汝窑的独创，唐及五代的瓷器早就在采用这种方法”，并发以唐绞胎釉器物作为举证。

那么，后周柴窑的底足施釉和垫烧情形大致会是如何？为了弄清此点，予就所藏所见之柴周式予以分类比较，发现存在三种倾向：多数器物圈足露胎支烧，有少数利用了器物本身支点，是为一类；二类器底满釉，采用芝麻挣钉3~5交叉点支垫；采用0.8~1公分的石英砂托珠垫烧，为其三。更有意思的是，笔者在荷莲童子摆件上，发现以上三种支烧形式同时并存，具体指海玳瑁色类圈足露胎烧制，鲜碧色类托珠垫烧，淡青色类则是采用支钉。综合上述形式结论，其支烧工艺与当时耀州黄堡窑类同。

想当年，柴窑与黄堡窑所在地区同属后周疆土，作为后周世宗御窑的柴窑，与黄堡窑一样采用了相似的支烧工艺烧制陶瓷，符合时代潮流。支烧工艺特征的改进，使得五代时期成功烧制出了满釉陶瓷。支烧工艺所展现的多元化，也反映出后周柴窑的工匠们，为使器物烧制日臻完美所作出的探索，同时还为北宋朝出现的汝官窑支钉烧造，起了先驱示范作用。

（下页图中右上图来源于网友在线发布的收藏品，左下图由深圳收藏协会马玉希兄提供，其余为作者自藏）

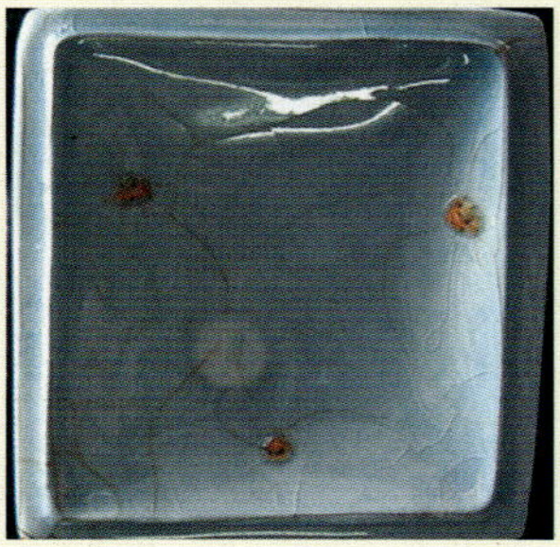

人天合一博爱观

根据文献资料，十二生肖的连缀排列，可追溯至西周，距今已有三千多年历史。可以说，十二生肖是古代先民有关自身生命从何而来，以及命运将走向何处等等问题的原初见解。古秦时期的术数家用十二种动物来配十二地支，子为鼠、丑为牛、寅为虎、卯为兔、辰为龙、巳为蛇、午为马、未为羊、申为猴、酉为鸡、戌为狗、亥为猪。以为人生在某年就肖某物，如子年生的肖鼠，丑年生的肖牛，称为“十二生肖”，也叫“十二相属”。据《周书·宇文护传》称：“生汝兄弟，大者属鼠，次者属兔，汝身属蛇。”

生肖谱是重要的文化现象，对中国人的生活影响极大，至今尤不减其效力。古往今来，只要是在陶瓷、玻璃、金属、木制等工艺物品上，装饰或镶嵌上十二生肖中的一种动物，都能受到不同层次的消费者的青睐。反映出华夏民族一向以“人天合一”的理念处世。如今，伴随着我国综合国力的增强和国际地位

的显著提升，此种博爱达观的普世情怀得到广泛传播，具有浓郁中国元素的生肖谱，也日益受到世界各族人民的推崇与热爱，呈现加速蔓延的发展趋势。（附图见上）

兽首人身见端倪

陶瓷器上用十二生肖作装饰，大约始见于隋代，形式为堆塑。盛行于唐代的“十二支神俑”，所见堆塑者多为肖首人身，造型奇特生动，乌兽头十分写实，配上人身，看上去像是一种自然组合，初唐造型为龙冠宽袖长袍，文官装束，趺坐抱一生肖动物；中晚唐时改用兽首人身，穿袍持笏作文官状；作为明器随葬时，按方位安放于墓室四周。宋元的生肖谱成心让肖物人格化，演变成为人捧肖物。南宋至元代，改塑在魂瓶肩部。到了明清时期，生肖谱还其本来面目，被画师以十二种原生动物的姿态描绘在陶瓷器皿上。

五代后周柴窑生肖谱，沿袭继承了中晚唐“十二支神俑”的装饰风格，亦为肖首人身，造型生动奇特，动物的头部很写实，然后配上男女性别的人身，看

起来像是一种自然组合。离奇的是，尚有一类扬臂划足作舞蹈状、略显活泼的女性装束，与穿袍持笏、作文官状的兽首人身相互映衬。造型上一改传统制式，将其兽首设计为活动件，安上取下十分方便。究其因，或恐烧制不慎引发爆裂而采取的特殊设计。兽首的另面显现孩儿面，其间或许蕴含着肖物人格化的理念。

民俗生肖谱上的中国元素浓郁，待到柴窑水落石出的欢庆之日，予志愿效仿史树青老先生的“卞和到老是忠心”，将此套柴窑生肖谱无偿捐赠给北京故宫博物院永久珍藏。

五代“进”步蓝本考

柴窑獬豸摆件，是后周辟邪文化之一种。獬豸又名独角兽，神话中獬豸是吉祥之物，它只在履行重要使命时才出现。此处侧重来谈一下它所显现的文字现象，或许提供我们认识事物的新维度。

当有人问起简化字是建国后才兴起的吗？多半会毫不犹豫地予以肯定。笔者在收藏古代瓷器时，常会遇到此类尴尬。猛不丁瞧见獬豸的足踏钱幅上出现简化“进”字时，吃了一惊，这是咋搞的？如果说是仿制，毕竟尚有若干知识点不予支持。琢磨不透时赶紧查寻资料，终于弄了个明白，原来早在建国之前，简化字已经在民间开始盛行了。简体字，始见于公元四—六世纪南北朝的碑刻，到隋唐时代的民间相当普遍，被称为“俗体字”。我们今天使用的许多简化字，在那时候就已经出现。唐代颜元孙著《干禄字书》和王仁著《刊谬补缺切韵》，都收了极多的俗体字。宋以后随着印刷术发明，简体字由碑刻和手写转为雕版印刷，扩大了简体字的流行范围。《宋元以来俗字谱》记载的宋元明清 12 种民间刻本中，所用的简体字多达 6240 个。

具体到“進”字，如此繁芜的笔画要想在泥胎上显现出来，难度之大可以想见。面对难题，窑工干脆删繁就简，直接用了俗体“进”字。如此看来，到了不“进”实在不行之际，祖辈先民还是自觉践行与时俱进理念的。俗语说得好，活

人哪能让尿给憋死?!

当今台海两岸就文字议题颇有呼声，自小马哥提倡“识繁书简”以来，适逢两会召开，有来自天津的潘委员向大会提交了“用10年时间废除简体字”的建议，一时间“拥简派”和“废简派”通过各种方式进行了一场论战。笔者无意卷入此场论战，只是认为到了不简不行的地步时，顺应历史潮流的趋势吧，毕竟古人早已为我们绘制好了“进”步蓝本。

风华绝代菊花尊

古人写菊赞花的诗句很多，如元稹《菊花》：秋丛绕舍似陶家，遍绕篱边日渐斜。不是花中偏爱菊，此花开尽更无花。又如黄巢《题菊花》：“飒飒西风满院栽，蕊寒香冷蝶难来。他年我若为青帝，报与桃花一处开”。令人叹为观止，是在见识“后周柴窑菊花纹尊”的当下。

映入眼帘的，是其端庄规整的造型，短颈、丰肩、鼓腹至足胫部稍狭，明显带有晚唐风格。镂空雕刻的器壁恰似屏障，枝繁叶茂地环绕着一线空悬的复合体内的吊胆之外，斜向交错的八朵盛开菊花，组合搭配构成一组匀称的花蔓图案，颇有元稹《菊花》诗词中意境。肩处刻画变体纹饰，寥寥数笔，蝴蝶形象仍不失精美。两只捏塑凤鸟耳，黏附其肩上，看上去有如穿梭于花丛中的蜂鸟，生动活泼，姿态感人。鲜碧色釉面艳而不丽，素光内敛，开片滋润细媚，实为晚唐五代后周柴窑之精品也。

众所周知，牡丹是我国特有的名贵花卉，花大色艳芳香浓郁，素有“国色天香”之美称，长期以来被人们誉为富贵吉祥、繁荣昌盛的象征。予自信满满的以为，制作精良的后周柴窑菊花纹尊，像是一位冠压群芳的佳人，在争奇斗艳后周柴窑大观园中，应当享有花魁牡丹一般的殊荣。（参见书末精品篇）

开卷频添鉴藏乐

柴窑鉴藏家罗一山兄在其《我的柴窑器研究》指出：“柴爿”烧造的鸭子注水，与谢天宇主编的《中国瓷器收藏与鉴赏全书》中“邢窑白釉刻花鸭子注水”极为相似。予在阅览由浙江大学出版社出版、荁千里编著的《汉唐瓷器鉴定》一书时，不只在该书第 127 页码上发现了此件“唐邢窑白釉刻花鸭式水匜”，还看见了几件与后周柴窑整体风格相当接近的器物。如：第 138 页的唐邢窑白釉子母狮，第 165 页的五代玉壶春瓶，第 246 页的唐三彩鹅形灯，第 266 页上的唐三彩贴花长颈瓶，以及局部纹饰风格相似的唐青釉褐彩云纹鼎炉。

除此之外，我们还可以后周柴窑盘口小梅瓶与唐代的双耳瓶进行比较，由此印证了罗兄前文中所作出的判断：“这说明，一方面‘柴爿’有邢窑的遗风。另一方面，由于唐代晚期邢窑由于材料的短缺和五代的战乱，邢窑衰败后，有的工匠到后周投奔到柴爿，是完全有可能的。”除此之外，同一历史阶段各窑种之间艺术形式的相互影响与借鉴，也是经常发生的。有了不断发现的实物资料佐证，使得人们对于后周柴窑上面所遗存的汉唐风韵有了更加深刻的体验，同时对于后周柴窑的鉴藏又增添了一份新的自信。

笃定后周重款识

对后周柴窑器物分析断代，尽管犹如“雾里看花”，但予笃定后周柴窑未曾动摇的原因，道出来也十分简捷明了。试想，当人类社会已经推进到了新的时代，哪里还会有人不知趣地固执地沿用先前国号呢？一般说来，果有违反者，此人如若不是后脑勺长有反骨，就是脑袋瓜让驴给踢出了毛病。举例而言，明朝洪武年人氏，假如继续使用已经过气的元代番号，诚属“冒天下之大不韪”之举！类比周宋国号更迭时的情形，亦相仿佛，赵宋江山即立，即使给予前朝专烧供御的柴窑发放过“准烧证”，谅当时窑工未见得会在器物上打上“柴周式”的款识，堂而皇之地上市招徕过客。封建王朝时代的倒行逆施，那可不是闹着玩的，没准儿会落得个谋逆不敬的罪名，满门抄斩的“杯具”接踵而至。

予之藏品后周柴窑如意云纹枕，器底“大周华枕”四字赫赫醒目。所见同类后周柴器上，还明确无误地凸现过“大周”、“柴器”、“金玉堂”、“长命宫”等诸款识，除此而外，“万福”、“聚财”、“安宅”、“九月艳菊”、“松鹤照月”、“福禄寿喜”等吉祥用语也有发现。某位藏友对柴窑文字项不予认可，似乎是囿于收藏视野的限制，并不能真切地说明此类文字就是现代人的臆造。果真属于今人所为，单凭主观武断的一句话，哪里会让人信服呢？兄台坐镇古玩福地，郑州历来系人文荟萃之都，往来几大古代名窑生产基地可谓便捷，希望能够提供些许足以证明此类器物为仿制、且有说服力的证据参与讨论。何况，兄台的那件后周柴窑菊花纹尊底部必定也带着“爿柴”款识，岂不是与所主张的“柴窑器上没有字”自相矛盾也?!

款识之事甚为重要，这足以构成确认为后周柴窑的直接证据。其他疑似柴窑器物上，均没有出现过类似的现象，它说明什么呢？一来说明本来欠缺，难以无中生有；二来说明不便仿制，即使能仿出来也不伦不类、见笑大方！予以为，只要有足够理由认定举证标的属于老旧器物，加之其上面明确载有“大周”国号或“爿柴”字类款识，其真实性基础已然确立。

筒匣叠烧或成立

在烧制陶瓷器过程中，为防止气体及有害物质对坯体、釉面的破坏及污损，将陶瓷器和坯体放置在耐火材料制成的容器中焙烧，这种容器即称匣钵，俗称“笼盔”。使用匣钵烧制陶瓷器，不仅可提高装烧量、制品不致粘结、提高成品率，而且匣钵还具有一定的导热性和热稳定性，可保证陶瓷质量。资料显示，我国龙山文化时期蛋壳黑陶的烧制已经开始使用匣钵，隋唐湘窑中被再度发现，到了五代十国时期，匣钵装烧工艺较为普遍。

予留意到由藏友覃怀兄提供的后周柴窑生肖谱带筒匣钵图片，从中似可解读以下信息：尽管五代时期开始流行以漏斗匣钵作为单件装烧，但后周柴窑仍然延续了唐代以来的筒匣钵叠烧。倘若源自河南中牟的筒匣钵实物信息真实可靠，那就为柴窑采用筒匣钵装烧的猜想，增添了实物佐证。今后，或将陆续发现一些带有匣钵的柴窑残器，为后周柴窑烧制现场的最终发现拉开序幕。

鹅形灯具巧构思

汉代是我国灯具的重要发展时期。当时不仅种类繁多，而且造型优美，尤其是以取象生形状为灯具的造型，设计精妙，把灯的实用性与造型艺术的完整性巧妙结合在一起，表现了古代匠人高超的智慧和艺术修养。下图中，后周柴窑鹅形灯与造型丰满、錾刻精致的唐银鎏金鹅形灯等造型上的相似性，从中不难体验到五代灯具中一脉相承的民族艺术精粹。

这件后周柴窑鹅形灯（注：此物具多重身份，如名鸳鸯笔洗、鸭形水杯者，此处拟作鹅形灯解），制造精巧，色彩鲜艳，放在桌面上是一件很好看的工艺品。它的结构既简单又科学，荷叶小碗在其上，鹅之身体中间留空，可以向其中注水，上层碗内盛油，凉水注入鹅身后形成一个冷却水套，利用水温降低灯油池中燃烧油的温度，减少灯油的蒸发，达到省油的目的。

另有一种设想：当鹅身中注满燃油，待燃油即将耗尽时，只需稍微倾斜一下，燃油便会通过鹅之耳孔，再次倾注入碗内；如果将灯芯自下而上，通过其头面耳孔拽出放进荷叶碗里面，伴随着燃烧，下面的燃油则会源源不断地被虹吸上来。可以说，鹅身不仅起到保持灯盏平衡和发挥降温功效，还能够成为储备容器。既可用以满足照明之需，同时又不失为一件可供观赏的室内陈设。鹅形灯作为五代柴窑的灯具代表作，无处不投射出后周先民们的睿智！

鹦鹉式耳如星凤

陶瓷耳式，属于陶瓷器物的组成部分。器耳伴随陶器产生，经历了 7000 余年的发展史，留下了众多的历史信息。深入了解认识器耳，对于收藏爱好者正确为陶瓷器命名，对于掌握瓷器发展的时代特点，都具有一定的意义。

耳一般呈对称分布，式样丰富多彩。据不完全统计，陶瓷器耳的式样至少有 60 种以上。大致可分为象形耳、态势耳和特殊耳三类。在这其间，后周柴窑的器耳独树一帜。

鹦鹉凤头喙具钩耳，属于极其罕见的鸟形耳。鹦鹉凤头自器肩两侧向外伸出，古代工匠巧妙地借用鹦鹉的喙具钩状而为环饰，胸腹部羽毛栩栩如生，系通过模印刻花方式显现出来。釉面光泽囊薄而平滑。从侧面望去，一只鹦鹉活灵活现地蹲着，格外引人注目。目前已经发现的鹦鹉凤头喙具钩耳瓶有鲜碧色、淡青色的两类。

古代陶瓷器物种类何止千万，但鹦鹉凤头喙具钩耳瓶式造型难得一见。或许，正是由于后周柴窑稀如星凤，故此款式至今未呈流行态势。

华瓷妙境谁解得

据明代文献记载，当时宫廷中所收藏的珍贵瓷器，把柴窑器推放首位，可见其艺术价值之高。予所藏的一件二龙赶珠纹粉盒的底面，凸现有“华之瓷，柴为先；艺之佳，定为首”之小篆书体。一件古代器物上竟然载有与陶瓷鉴赏有关的内容，极为罕见，弥足珍贵。人们能够借此记载，去了解后周先民们当年是如何评价认识不同窑口器物的。令人称绝的是，这里不仅肯定了柴窑和定窑各臻陶艺之妙境，还分别从气韵与技艺的角度切入，给予了赞美与推崇。尚可进行假设，作出上述评价的历史人物，究竟是周世宗本人，或是工匠借此来传达众人口碑呢？如今，只能自由评说了。渊源于唐的定窑工艺，似乎成了后周柴窑的营养母体，与之相伴共生。而柴窑作品所散发出来的唯美雅致、清丽脱俗的时尚元素，无疑曾经赢得后周社会朝野上下的一致好评。

今效古人，以玉作镜，试对粉盒所含蕴的龙之气韵，试作“五德”讲演：威武庄严，勇之方也；火焰宝珠，智之方也；龙姿律动，节之方也；祥云缭绕，义之方也；素朴而不妖冶，仁之方也。

纵观数千年来吾华夏民族的性格、气质之育成，真乃窥一斑略知全豹，以一目尽传精神欤！（附图）

独一无二之款识

古代瓷枕分陶制和瓷制，始于隋，流行于唐至元代。主要用作寝具，同时也用于按脉、行旅、辟邪及随葬等。

“大周华枕”呈如意头形，通体施淡青色（豆绿）透明釉。枕面印有三组团花，中间为莲瓣纹团花，两侧为莲蕾纹团花。枕面四壁部分除饰有团花纹外，在纹饰空间戳印珍珠地纹，以示珠光连绵。枕底留有垫珠烧制痕，釉面其余部分满布云气纹，为庄严气氛之烘托，中央位置凸现“大周华枕”四字铭文及长方形边缘轮廓线。枕内中空，壁存气孔，防止烧制时因空气急剧膨胀而撕裂器胎。

观其枕形与纹饰，与上海博物馆和苏州博物馆收藏的唐代巩义窑绞胎陶枕“杜家花枕”、“裴家花枕”相似。因古文字中“华”、“花”二字通假，唐代的这类“花枕”，类同于五代后周“华枕”。有报道称，苏博的“唐代巩县窑绞胎裴家花枕”，在北京奥运会大型文化活动期间，曾被提名赴京参展 。由此见其在文物考古界享有一定的殊荣。冯先铭先生在《瓷器鉴定的五大要领》中曾经指出：“这种枕唐代称之为‘花枕’，杜、裴为作坊姓氏，上面的小圆圈图案是模仿金银器、漆器的。在陶瓷发展史上，瓷器受其他工艺品影响的例子是比较常见的。”推而广之，“大周华枕”的器形与纹饰类似于唐代“花枕”，足以证明中晚唐的陶瓷装饰艺术风格，对五代后周产生过直接的影响。

“大周华枕”的突出表现莫过于款识上面。款识，指在陶瓷上刻画或书写的文字，有纪年款、名家款、官家款、官窑款识之分。“大周华枕” 款识与纪年款、名家款、官家款和官窑款，全都对不上号！在古代陶瓷中，这一现象极其罕见。仔细分析，“大周华枕”乃是国号款与器名款的集结号，类似当今驰名商标“中华牙膏”、“中国铅笔”。出现“大周华枕”的款识，说明当年后周御窑的窑工们，尚未形成书写纪年款的自觉意识，但张扬大周国号的潜在意识已然萌芽。由此可见，此件器物不仅本身具有观赏艺术价值，同时还具备考古研究的重要价值。予以为，此件“大周华枕”，无论是从存世量、艺术特色，还是从对陶瓷史的贡献层次上分析，均足以与“裴家花枕”、“杜家花枕”们相媲美！

云气缭绕意何为

《太平御览》卷八引《河图帝通纪》曰：“云者，天地之本也。”可见，云纹的产生来自于古人对自然的崇拜。中国先人以农作物为主要的食物来源，必然要关注天气的变化，进而时常要去解读天象，于是云象很自然地成为手工艺匠人描摹装饰纹样的对象。汉代是云纹发展史上最自由随意的一个阶段，也是形成完整云纹装饰骨骼体系的时期，它强调的是动态飘逸的线性美感和气象万千的嫁接组合。从图底关系和表现内容来看汉代云气纹是作为主要图案，而不是作为底饰的衬纹，其简约的云头、繁杂的云躯和丰富的云尾，为后世云纹的继续发展提供了十分重要的模式参照和形态承继。（摘自吴卫、廖琼《汉代云气纹艺术符号探析》）

云气纹，是以流畅的圆涡形线条组成的图案，在汉魏时代较为流行，通常作为神人、瑞兽的地纹，有时也被单独成为装饰纹。云纹最大的特点就是气动变化之美，表现形式在奔放中不失韵律，散漫中不失秩序。而所绘的云纹必定是当时人们所期冀的祥云纹样，寓意高升、旺和、如意等美好祈愿。从这点来看，云纹体现了中华先民崇尚自然、师法自然的原始观念。

眼前这件“大周华枕”底部，以流畅漩涡形线条组成的云气地纹图案，对于铭文起到了良好的烘托作用。

墙头竖起大王旗

后周是五代最后一个王朝，太祖郭威病逝前嘱托嗣帝郭荣：“陵寝……只立一石记子，镌字云：‘大周天子临宴驾，与嗣帝约，缘平生好俭素，只令著瓦棺纸衣葬。’”世宗即位后，于显德五年（958 年）七月颁行《大周刑统》；十一月敕编《大周通礼》、《大周正乐》。在此之前，后周政权还曾颁行过《大周钦天历》等。

由此得知，“大周”国号其时已然蔚成风气。那么当人们在柴窑器物上发现有“大周”款识时，就不会感到惊讶了。自打 2005 年以来，举证柴窑的收藏界人士也不算少了，拿出明确无误地载有“大周”、“柴器”铭文的器物来“说事”的，却十分鲜见！

年前，予曾将类似器物拿到一位将大部分私人珍藏品，无私捐赠给了设在浙江横店的明清古代民居内的前国家文物鉴定委员面前，赢得老人家连声称道，并且指着貔貅说道：此件我也有过收藏。老专家从事了近七十年鉴赏，所见不可谓不多，阅历不可谓不深。得到了专家的认可，这不也是同好们心中“有谱”之所在，不也是师友们赖以攻关的“底气”之所系么？予确信：当人们高扬起“大周”、“柴器”旗帜时，相关的争议相对容易消融，其他不实的举证亦将黯然失色!

太狮少狮溯汉唐

传说佛祖释迦牟尼诞生时,一手指天一手指地作狮子吼:天上天下,唯我独尊。从此后狮子被逐渐神话,人们认为它能避邪护法,而成为佛法威力的象征。狮子被视为普贤菩萨的坐骑,是佛教寺庙建筑艺术中的常用装饰,得到广泛的应用。狮子又被称为“百兽之王”,人们认为它可镇百兽。狮子等瑞兽,具有浓郁的华夏民族特色,自东汉开始,历代帝王陵墓石兽中均沿用石狮子护陵,用以避邪镇墓。

大狮小狮,谐音太师少师。太师系官名,古代官制设三公,即太师、太傅和太保,太师为三公之最尊者;少师亦为官名,周礼春官之属,即乐师也。两者皆地位显赫。太师少师等吉祥图案,有高官厚禄、祛灾祈福、子孙繁盛、财源滚滚等象征寓意。加官晋爵、子孙满堂、富贵永年,自古以来就是华夏各民族孜孜以求的世俗理想,真切地描绘了人们祈盼吉祥的美好诉求,曾被广泛地应用于各种民间艺术形式之中。因此,融入中国文化中的狮子形象,成为民间色彩浓郁的艺术形象,深受历朝历代老百姓的推崇与喜爱。

此件后周柴窑太狮少狮,“拷贝”于唐代邢窑白釉太狮少狮(北京故宫博物院有藏)造型,是毋庸置疑的了。

龙凤呈祥逾千年

壶口呈僧帽状,壶盖上栖一只小鸟,细颈,圆腹,龙(凤)首昂扬作流,龙(凤)尾上卷成錾,整体形状有如一玉壶春瓶安放于龙（凤）船上面。龙壶壶身对称凸雕荷叶形似华盖，腹部通体呈现祥云层层，或为麟鳞斑斑（羽毛翩翩）。壶形线条流畅，款式独具风格。矮圈足，器物底部款识一器凸现“大周”、另器则显示“柴器”。

考古发现显示，龙和凤同步起源于距今七八千年的新石器时期。龙凤呈祥，乃指吉庆之事。汉·孔鲋《孔丛子·记问》：“天子布德，将致太平，则麟凤龟龙先为之呈祥。”在我国传统的吉祥图案中，“龙凤呈祥”意味着充满祥和之气。龙凤示现，一个是众兽之君，一个是百鸟之王；一个变化飞腾而灵异，一个高雅美善而祥瑞；两者之间的美好伴侣关系就建立起来了。龙和凤的配合、结合、对应，反映了华夏先民素朴的阴阳和谐观。

此壶，目前已经发现有海玳瑁色、淡青色和鲜碧色等三种基本色调，虽历经千余年，依然风姿绰约。后周柴窑龙凤呈祥对壶的面世，为“神灵互补共生”理论提供了五代实物解说。

难能可贵一姻亲

受五代后周柴窑生产年限的束缚，加之御窑官器的特殊性质，历史上传承性生产的可能性难以考证。“孔雀蓝三彩玉壶春瓶”的出现让人感到惊喜，而带给人们更多的则属意外。

孔雀蓝三彩玉壶春瓶，器身釉面布满密集细小开片。鉴赏分析器形、纹饰、胎釉等诸方面特征，其生产年限大致为宋辽金时代，照传统观点或可称作辽三彩，属于过渡期间的实验性作品亦未可知。由于该瓶图片系由网络搜索得来，因此无法确切感知其背面情形、重量以及器胎厚薄，仅从釉面上观察，造型以及凸雕纹饰明显地克隆了“后周柴窑福禄寿喜玉壶春瓶”。正因为其后周元素的确切性，予将此“孔雀蓝三彩玉壶春瓶”视之为难能可贵的嫡亲传承。

玉壶春瓶，又叫玉壶春壶，是宋瓷中具有时代特征的一类典型器物，它流行地区广，沿用时间长，其造型是由唐代寺院里的净水瓶衍变而来。玉壶春瓶器如心倒置，谓之“心到”，撇口寓示“敞开心扉”，象征友谊如春、冰清玉洁，表里澄澈，光明磊落。唐代司空图的《诗品·典雅》中有“玉壶买春 ，赏雨茆屋；座中佳士，左右修竹” 的句子，王昌龄有诗句云：“洛阳亲友如相问，一片冰心在玉壶。”

后周柴窑福禄寿喜图纹玉壶春瓶，器身不仅同样有蝙蝠、梅花鹿、寿桃、喜鹊的凸雕造型，另一面则更有“福禄寿喜”四字篆书凸现。

值得一提的是，瓶口因烧制易形，引发撇口对称上翘，难以成为一平面，但以审美角度观察，影响观瞻不算太过明显。有此瑕疵，反倒进一步证明其为古代老器，并无超越时代的制作水准。

祥瑞吉庆行九州

为国人所熟悉的传统装饰吉祥图案，即使在后周柴窑上，也毫无例外地得到了宣示和张扬。我们民族喜欢以飞禽走兽来装点生活，这恰是“中国人抚爱万物，与万物同其节奏”心态的具体体现。每一图案都含有一种寓意，每一种寓意总显示一类吉祥，真个是“图必有意，意必吉祥”。吉庆文化，已然成为中华艺术的特殊表现形式。

祥瑞吉庆文化发端于东汉时期，明清之际呈现登峰之势。据专家们评说，饰有吉祥图案的陶瓷之所以得到人们青睐，与源远流长的民族文化心理密不可分。如果说 6000 多年前的半坡彩陶上出现的鹿纹、鱼纹和蛙纹，尚属勾画人们对大自然顶礼膜拜的朦胧意识阶段，那么 1800 年前东汉时期陶瓷上出现蝶形、云气和鱼纹装饰时，则上升为对大自然有意识的颂扬之辞了。

以想象为媒介，赋予图案吉祥寓意，源于自然而又超越自然。几千年来世代相袭，已经在本民族文化心理层面形成了牢不可破的坚固体。此现象值得社会学家深入研究。

古人云:“吉者福善之事，祥者嘉庆之征”。福禄寿喜，用来寄托良好愿望，渲染喜庆气氛，祈福致祥，已成为国人热爱生活、创造幸福和发财致富心理的外在反映。历史上，封建帝王借助它实施王道教化，道教对之加以推崇颂扬，佛教以其招徕信众扩张声势。尽管福禄寿星早已失去了高高在上的神威，却也因此获得自由，走入寻常巷陌的千家万户，成为民俗化理想生活的“立此存照”！

金鳞岂是池中物

鱼化龙，由民间传说衍变而来，渊源可追溯到史前仰韶文化的鱼图腾崇拜。民间风俗早有神鱼化龙的说法，《孔子家语》记载:孔子喜得贵子，鲁昭公以鲤鱼作赏赐，孔子因此为儿子取名鲤，字伯鱼。

《说苑》中就有“昔日白龙下清冷之渊化为鱼”的记载，《长安谣》说的

"东海大鱼化为龙"和民间流传的鲤鱼跳过龙门，均讲述了龙鱼互变的关系。这种造型早在商代晚期便在玉雕中出现，并在历代得到发展。

传统寓意纹样一般都以鱼、龙组成，"金鳞岂是池中物，一遇风云便化龙"，神鱼化龙，古喻金榜题名。有寄望于高升昌盛的殷切寓意，见之于《琵琶记·南浦嘱别》中："孩儿出去在今日中，爹爹妈妈来相送，但愿得鱼化龙，青云直上。"

枕，总的来说是年代越早尺寸越小。唐枕中常见不足一拃长（张开拇指和中指间的长度）的，人称脉枕。图片中的后周柴窑鱼化龙枕，明显要比宋枕尺寸短小，故只可作为脉枕使用，或作为陈设摆件。

后周柴窑鱼化龙孩儿枕，造型精美。童子作吉祥卧式，一手支于颐下，一手贴于腹部，鱼化龙形似船床，并以荷叶作为枕面。童子面带笑容，一副悠然自得的神态。更为巧妙的是，童子所倚之枕头上侧面有"福"、"贵"字样，点明了整番设计的重心所在。真可谓是枕中有枕，寓意连环，将凝结着中国人伦理情感、生命意识、审美趣味与宗教情怀的传统吉祥文化推向了极致！（附图中收藏品由武汉市武青四干道团结缘"聚祥春"店杨斌先生所提供）

熠熠生辉五代字

闲暇之时沏上茶，慢慢儿琢磨后周先民留下的文字，是一件惬意的事。柴窑器物上文字的现场性的特点，帮助我们梳理古文字的演义历程，思绪仿佛刹那间穿越千年的时空，如逢故交知音，可以零距离地与之交流对话。此刻，您会惊讶地发现，文字竟然可以这样写就：偏旁部首，有时它可摆在左面，也可放于右边；可摆放上方，亦可安置其下；有时即使反着写也不碍事，对着镜子去看它，物象自然会转过来。古代先民创新性意识所迸发的思维火花，有如萤火虫般在文字大观园里灵光闪烁。

为了增进研讨兴趣，索性将后周柴窑器物上显现文字来个串葫芦，编成鸡尾歌：

貔貅安宅长命宫，福禄寿囍官降龙，长眉举钵禹奋讯，大周华枕金玉堂，静坐辟邪定为首，面壁掏脯曹国舅，万福布袋铁拐李，大布黄千华之瓷，九月艳菊何仙姑，松鹤照月生肖谱，聚财芭蕉蓝采和，龙飞凤翔富贵壶，探手挖耳韩湘子，托塔望天汉钟离，伏虎沉思吕洞宾，果老喜庆佳柴器。

一脉相承贯耳瓶

后周柴器为宫廷所垄断，以郭荣事必躬亲的秉性和处世风格，样式或多由世宗本人钦定，贯耳瓶属皇家陈设或礼器类，目前已经发现的有鲜碧色和玳瑁色两种。值得重视的是，后周柴器自成一定规范，其器形极少流传后世，迄今仅只发现极少几例为后世所沿袭，贯耳瓶则为其中之一。

此类贯耳瓶敞口束颈，抹肩弧腹，小平底，为圈足露胎烧制，施满釉。釉层光亮，匀净细润，釉色分绛紫或鲜碧两类，绛紫类未见明显开片。造型古朴，工艺讲究，器体八棱，肩附贯耳，器腹扁平，保持完好，为后周之时的精良作品。

宋代以降，贯耳瓶得到了广泛的传播，各大名窑群起效仿，宋、元、明、清历代沿袭，经久不衰，一种器形能够如此，本身就是一匪夷所思的事情。予以为，贯耳瓶式样长期受到人们推崇喜爱，或许是因为其造型大方得体和官器身份的雍容华贵，再配合施釉后的视觉效果，更显其式样古朴典雅，釉色静穆温润、幽隽淡雅。

四位尊者无户籍

国宝档案栏目所播放的《海外大巡礼· 日本篇·千年寻罗汉》，提到保存于日本的贯休所绘《十六罗汉图》的南宋摹本，早先存放在京都高台寺，后来转入博物馆收藏，到发稿时巡访团仍未见到实物。其实，唐末五代的著名画僧贯休也曾经画过十八罗汉图，根据《东坡文集· 续集十》描述，苏轼于清远峡宝林寺见贯休画的“十八阿罗汉图”，作诗题赞《自海南过清远峡宝林寺敬赞禅月所画十八大阿罗汉》且标出了罗汉名字。此外，清《秘殿珠林》就有贯休十八罗汉图卷的记载，后有宋·苏过、元·赵孟頫、明·宗彻三跋，未题罗汉名字。因此，可以推断五代十国时期就已出现了十八罗汉之说。

经云外客兄在线提示，予重新核查了后周柴窑十八罗汉器物上所标名字，果有新的发现。相关文献上记载的十八罗汉，除去降龙、长眉、举钵、静坐、伏虎、沉思、布袋、看门、开心、探手、挖耳、托塔、芭蕉、喜庆无变化外，平白无端地少了笑狮、过江、骑象、坐鹿这几位尊者，而多出了掏脯、望天、面壁、奋讯诸菩萨（因小篆字体不易辨认，以上难免会有译错者），加总仍为十八罗汉。

毫无疑问，这给予佛教十八罗汉名称嬗变史提供了新线索，同时证明了目前所发现的后周柴窑不能作伪的事实。试问：既为仿制，为何不按照文献去进行，却偏要绕弯子去杜撰缺少户籍的罗汉名称呢？假使仿制者果真有如此高深的“字墨”，怕是连季希逋先生也要前往顶礼膜拜的了。

顺便要提及的是，有此珍藏的同好小心别让宝贝遗失了。免得后人满世界辛苦去寻宝，到头来免不了还要吃人家的“闭门羹”咯！

童子献寿增喜庆

柴窑童子祝寿水呈，以民间喜闻乐见的童子献寿为塑造主题，生动地描绘了童子欢快献寿，福临人间的意境，少年儿童活泼向上的喜悦神采，艺术夸张地传达了风调雨顺、大吉大利、多福多寿、吉祥美好的祝愿。作品对高浮雕技法娴熟运用，使其蕴含着的艺术魅力得以淋漓尽致地发挥出来。

五代后周工匠们以中国传统吉祥图案为题材，设计出三位少年躬身蹲膝，憨态可掬，共同背负起一只偌大的寿桃来，另有一顽皮小孖倚着桃枝攀向寿桃顶端，神态天真烂漫。寿桃圆润饱满，上开下闭，实为一件实用水呈。作品精雕细琢、设计完美，少年儿童活灵活现、生动逼真且不落俗套。整器釉面圆润，富有观赏性。华夏先民的创作理念和灵感来自于对大自然的聆听，来自于对本土人文地理的体验关怀，来自于对美好生活的追求向往。这也是古人作品出神入化，意境悠远，富于感染力，能够恒久流传的关键因素。

反映吉祥喜庆的题材，多与少年儿童紧密联系。常见的有麒麟送子、连生贵子、持荷童子、击鼓童子等。除陶艺作品外，以此作为纹饰装点的艺术品已然广泛流播于世。有着上千年历史的后周柴窑童子献寿水呈，展现给人们的是一派国泰民安、政通人和、丰衣足食、安居乐业的美好景象。

曹国舅身世之谜

中国自古就有以八言事的传统，历史上有过好多版本的八仙，最早的以八言仙始于唐代，杜甫诗中提到的“饮中八仙”指的是八位诗人。后蜀主孟昶曾得到道士张素卿所绘八仙真形，依次是李已、容成等人，还都不是今天所说的“八仙”。今传“八仙”中大部分在宋代就已流传其仙话，但作为一个仙班的记载，最早出现于元代杂剧中，至明吴元泰《八仙出处东游记》固定为：铁拐李、汉钟离、张果老、何仙姑、蓝采和、吕洞宾、韩湘子、曹国舅，此“八仙”相沿至今。

传说中的国舅爷原型系宋仁宗曹皇后之弟，姓曹名景休，徐州人。只可能发生更早的后周柴窑，却与突兀而来的曹国舅形成了尖锐对立。不能不让人思考：是行踪诡秘的仿制高人不小心露出马脚，还是早在晚唐五代时期就已经形成了今传“八仙”？

笔者终于发现一缕线索，称曹国舅真名曹文，原是唐太宗的爱妾银妃之兄，当年兄妹回洛阳探亲，碰上皇上出巡相中了曹家女，随即纳入宫中做了妃子，世人就称曹文为国舅爷了。河北唐山市东南沿海有一地名唤作曹妃甸，是否与此故事有关尚待察明。

梳理曹国舅的身世疑云，予侧重四点：其他七位神仙全系唐代人，惟独曹

国舅来自宋代于理不合，是其一；早在宋代各地就已经有了八仙祠祀，吕洞宾等都已被纳入道教神仙谱系中，是其二；《宋史》有传，曹佾字公伯，曹彬之孙，曹皇后的弟弟。他性情和易，通晓音律，喜爱作诗，封济阳郡王，身历数朝而一帆风顺，年七十二而寿终，追封沂王，所谓入山修道完全是没影没迹的事情，是其三；古代神仙中有一位叫曹八百的，莫非曹国舅的传说就是根据曹八百与曹文的事迹混编衍义而来，为其四。

明清以来的学者，早就指出曹国舅成仙虚幻不实。《玉芝堂谈荟》卷十七云："独曹国舅，考诸仙传曹姓无外戚，而诸史外戚曹姓无得仙者。"胡应麟《少室山房笔丛》卷二十四云："考诸仙传，曹姓无外戚，而诸史外戚无曹姓、无得仙者。检宋世惟曹佾为后弟，见重于时，年七十卒，初不云得仙。"赵翼《陔余丛考》卷三四也指出："曹国舅，相传为曹太后之弟。按《宋史》慈圣光献太后弟曹佾，年七十二而卒，未尝有成仙之事。此外又别无国戚而学仙者，则亦传闻之妄也。《道山清话》记晏殊乃仙人曹八百托生。所谓曹八百者，岂即其人耶？然又非国戚也"等。有鉴于此，浦江清甚至作出如下之猜测："画工取其贵显美仪度，亦特缀于八仙庆寿班中欤？因此起吕洞宾弟子之说。"（参见吴光正《道教与文学互动关系个案分析——曹国舅故事系统考论》）

如此看来，"八仙"中的曹国舅或当另有原型欤?!

周宋版本形神似

《尼尔斯骑鹅旅行记》的作者是世界著名作家瑞典的塞尔玛·拉格洛夫，这本书是世界上第一部、也是唯一一部获得诺贝尔文学奖的童话作品。它讲述了一个顽皮贪玩、喜欢恶作剧的小男孩尼尔斯因为捉了森林里的小精灵，变成了一个不到5厘米高的小人，然后骑着雄鹅莫顿飞上天空，周游世界的故事。

当承载着千余年历史沧桑的后周版本"童子与鹅"呈现之时，不由得让人眼前发亮。仿佛是击碎了时空阻隔，一孩童骑鹅，正从青烟袅袅的大周城郭上空，向着生活在 21 世纪华夏大地上的人们飘来。瞧！童子与鹅依偎在一起，红掌正隐匿于碧波之中，童子抓抚着鹅的颈部，手持一支莲蓬，一副顽皮惬意的神情。莲蓬秆茎部分从孩童小手下端延展伸出，此番景致寓意“连生贵子”，饱含祈祷祝福之意。网友在评鉴时曾经提出：西方绘画艺术所展现的是赤子之真实，着眼点在人文上。而我们的童子与鹅，交代的却是孩童与生物的和谐统一，正所谓物我两忘，自然与人文的相得益彰。

无独有偶，在中国收藏家论坛上，瓷器版版主定王兄所出示的定窑藏品中，也有一件类似器物。观赏眼前这些形神俱佳的图像，不啻像是在翻阅一页页沉淀着悠久文化和饱蘸艺术情感的历史画卷。无论是后周柴窑，或是五代、抑或北宋定窑，“童子与鹅”的圆雕造型，均延续了传统艺术表现手法，儿童身着吊带肚兜，脚蹬布鞋，看上去是那样的怡然自得和亲切感人。

（附图左侧宋定瓷器由网络提供，此处经由合成处理）

欲换凡骨无金丹

据新华网河北频道前年报道，我国古代五大名瓷之一的定瓷，失传八百年之后在陈文增的手中得到恢复。陈文增的作品被定为国家级珍品，有的被人民大会堂列为永久收藏。陈也因恢复定瓷工艺而成为享誉中外的工艺美术大师。

历朝历代，追古敬贤者不乏其人。在古董（文物古玩）业界，人们耳熟能详的就有：宋仿西周秦汉青铜礼器，雍乾时期唐英仿制宋代五大名窑，民国时期仿前清官窑器皿等等。但无论怎么仿，要完全契合原作总是相当的困难。譬如当今的追星一族，效仿当红的影视偶像可谓此起彼伏、风起云涌，但难免要遭遇到百般挑剔，被人们发现并指出其中破绽来。

仔细鉴赏、比较不同时期的定窑“童子与鹅”作品，就会发现那件系距今八九百年光景的宋代定窑瓷作（由定王兄先前在 中国收藏家论坛上发表），与新仿之间存在的明显差异。人们会根据各自的观察视角，寻找到其差异所在。但有一点是共同的，那就是均会认为其神韵无法准确仿制。正如黄山谷所云：“世人但学《兰亭》面，欲换凡骨无金丹。”

原生态总是难以突破的，完全以假难真的可能性微乎其微，尤其是在器物神韵与包浆反映上，总是能够将两者仔细分辨开来，这一仿制史上的铁律，早已在各行各业的复制轨迹中被反复证明。

绽放东瀛青百合

《解读神秘青百合花瓶背后疑云》刊登于 2009 年 12 月 9 日《北京晨报》上，文章指出：目前正在日本九州武雄市的阳光美术馆展出的那件“青百合花瓶”，牛津鉴证书显示该器物是迄今 700 年到 1100 年内烧制的，这和后周皇帝郭荣在位时间基本一致。据此，被对中先生理解认定为符合柴窑的特征。但中科院高能物理所核考古组冯先生向记者作出解释：古陶瓷采用热释光测试或者通过海关机器安检时，都会吸收热量，通过一次就会对年代扰动一次。“热释光”的结果绝对不是唯一的标准，单看这一结果是不严谨的，更是不科学的。

从此件器物的型制、釉色、开片、胎体厚度等方面来观察，与在此参与讨论的同好们所举证的后周柴窑差距十分明显。这件东东是否明朝皇帝赐给当时的日本室町幕府将军足利义满的呢？目前只可算是值得存疑的说法。因此，予对于故宫博物院陶瓷鉴定专家所持评鉴意见抱有同感：它就是一件康熙年代的孔雀绿釉花觚。根据近期网友永乐瓷的悉心考证，如云先生所收藏的那件“青百合花瓶”，极有可能是明末清初产于闽南平和窑的素三彩中的蓝釉器皿。

青百合花瓶的发现者对中如云先生，作为如云家族的第三代文化传人，担任过伊豆高原美术馆馆长，现任札幌 MEISSEN 美术馆顾问、在日本中国历史文物保护协会名誉顾问等职，曾将在日本发现的中国明末史可法遗墨无偿捐赠给了江苏扬州史可法纪念馆，先生自称是唐代大诗人李白的“粉丝”，其对于中华文化的热爱和对于柴窑研究的执著精神，委实让人肃然起敬，值得吾辈效仿与学习！

不拘一格犬首耳

考量后周柴器，作为瓶、壶、罐器附属物的耳，多附于器物的颈、肩部，呈对称分布，式样丰富多彩。细颈六方瓶的耳式较为特殊，系属犬首。查阅资料，只见 1990 年河南新郑卷烟厂春秋墓出土陶器，鼎、盘、钵、盆多附此耳，犬两眼圆睁，两耳竖立，翘首仰望，似与家族有关系，以后很少见。

有专家认为，距今 4—6 万年前就开始有了犬文化，这便是犬与人朝夕相处、成为亲密伙伴的历史渊源。我国犬的化石最早是河姆渡新石器时代遗址中发现的，距今约为 7000 年。考古发掘的大汶口文化、半坡文化、仰韶文化、龙山文化等新石器时代遗址中，也有犬的遗迹。闻名于世的甲骨文不仅是我国文化最早的可靠记载，也是有关犬的最早文字记录，从中能够了解古代人类驯化、饲养犬的情况。另外在挖掘出土的陶器上的动物图纹中，犬的图案大小姿态各异。史料记载，我国古代驯化的家畜依次是犬、猪、羊、牛、马、鸡。古代权贵曾经为驯养犬设置过相应的职务，周代官名为“犬人”或“槁人”；汉代在皇宫中设有“狗监”，专门管理皇帝的猎犬；唐代皇宫建有“五坊”，其中最漂亮的属“狗坊”。可见犬文化不仅诞生普及于黎民百姓间，亦曾鼎盛于将相王侯之府衙内。今天，伴随着走进小康时代，犬不仅应用于科学领域，而且进入家庭，给人们增

添了无限的生活乐趣。

从细颈犬首耳六方瓶上，看不出任何家族的印记，此犬双耳向下耷拉着，像似气质温和的拉布拉多猎犬。自古以来，聪明、温驯、对人亲善的狗一向受到人类的宠爱，将此物贴塑于陶瓷器物上，说明了它与人之间的密切关系，同时也可以作为中原地方饲养宠犬的早期见证。

柴窑佳器合模成

古代人采用合模制陶的历史非常悠久，传说史前时代人类的祖先就开始制陶。最早见于记载的是："燧人氏范金合土为釜"，于是后人便以燧人氏为陶器的始祖。唐虞三代直到秦汉，陶器在民众的生活中占有很重要的位置。目前发现的徐州汉兵马俑，就是楚国工匠们借鉴古代青铜器的制作工艺，采用了合模制造。又如制作唐三彩，往往使用两种以上方法，首先进行构思设计，再用陶泥雕塑创作，最后成型、制模。再如，五代时期耀州窑瓷的工艺技术多采用印模，至今耀州窑博物馆还保存着"柳斗盏"的模具。（参见附图右下角剪影）

明了上述陶瓷历史知识，当看到后周柴窑上显现接痕时，就不会那么令人吃惊了。仔细观察柴窑器物，发现一些椭圆体和不规则体器物均采用了合模制法，而采用单模的地方，多是器物上的贴花、堆塑类的小型附件。由于柴窑器物胎体莹薄，作为后世陶瓷成型主要方式的轮制，此处却未见采用。

合模是用两个半模压制后对接黏合而成，适用于礼器、人物造型和一些陈设器皿。工匠们先将经过揉搓和陈腐过的软硬适中的陶泥放入模子按压，然后用泥浆黏接合模，等到模具里的陶泥本身有一定的强度时，取出黏接组装成型，并用工具将黏合部位修平，用手指抿抹，或毛刷蘸水修饰。技艺高超的工匠能够使胎体薄厚适中，黏合过的部位天衣无缝，宛若一体。

柴窑器物有一些较复杂的造型，如复合型镂空器皿、形态各异的辟邪、人

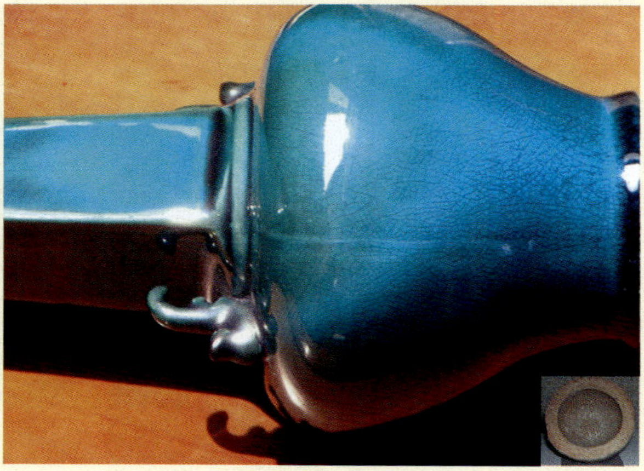

物造型如生肖谱等，往往需要较多的翻制模具。对于那些不规则部位可能还需要使用套模。因此，这类模具到底共计达多少件，对于从事文物鉴赏和考古研究的人而言，恐怕在相当长时间内属于待解之谜。

不及柴窑一片瑛

后周柴窑与隶属越窑的秘色瓷，历来为人所称道。根据大量考古资料分析，越窑的历史可分为起源、发展和鼎盛三个时期。据新的考古资料，越窑瓷器最早出现于东汉，直到唐代晚期，以上林湖越窑为代表的瓷业生产才进入鼎盛状态，制瓷技术达到了炉火纯青的阶段。“瓷色青，著美一时”的秘色瓷，更在相当长的一个时期成为了越国向周边强势力纳贡的瓷器。扶风县法门寺地宫的开启，使得一直笼罩于秘色瓷器之上的迷雾得以消散。如今对于柴窑瓷器的破解，文物考古和收藏界也正期盼着有像法门寺那样，出现一次众望所归的考古新发现。

由于后周柴窑的烧造历史，较唐末秘色瓷要来得晚一些，得到改良的陶瓷技艺更趋纯熟，加上后周朝廷的重视和世宗本人亲自督导，尽管烧造年限极其短暂，仍然在器形、胎质、釉色、装饰技法、烧造工艺诸方面，同时取得了辉煌成就，实现了前无古人、后无来者的巅峰体验。清高宗纯皇帝爱新觉罗·弘历，曾经于乾隆四十九年所作《官窑小瓶》中，赋诗赞叹道："宋时秘色四称名，不及柴窑一片瑛；下视永宣兹又贵，由来品第鲜常衡。"一语道破了柴窑作品从晚唐五代开始，直至大清初年，在历代先贤赏鉴古代陶瓷中所占居的显赫地位。

大周柴器四美伶

古代四大美女指的是貂蝉、西施、王昭君和杨玉环，四位美人享有沉鱼落雁之容，闭月羞花之貌。"闭月、羞花、沉鱼、落雁"是由民间传说组成的历史典故。沉鱼，西施在古越国浦阳江边浣纱，水中的鱼儿惊艳得沉入江底；落雁，"昭君出塞"时，行于大漠途中弹起《出塞曲》，天边飞过的大雁听到幽怨感伤的曲调，纷纷坠落在地；闭月，貂蝉在花园中拜月时，月光欣羡貂蝉的美貌，拉过云彩遮住自己；羞花，杨玉环在花园赏花时，花儿似被羞涩得收缩起花瓣来。

柴窑收藏爱好者，大都有个人的偏好。予以为，有几件器物是足可相互媲美的，它们分别是：长颈灯笼赏瓶、龙凤纹六棱赏瓶、子母灯笼式赏瓶、凤凰耳式赏瓶。在杞菊庐藏中，四件赏瓶不仅有鲜碧色一类，更有淡青色和海玳瑁色一类，此类器物流光溢彩，煞是好看，图案采用了复杂的镂空雕饰，带有奇异的复合式内胆，这些均属共性。

下面，分别就其艺术特色作一番点评，荷花绽放于波光粼粼的翠绿色湖面上，这是“长颈灯笼赏瓶”带给人们的意境之美；“龙凤纹六棱赏瓶”亭亭玉立，像是一位气质温文尔雅的国画仕女，给人以端庄优雅的视觉感受；“凤凰耳式赏瓶”状如凤首筌筷，旖旎华裳真乃素封伉俪之材也；“子母灯笼式象耳赏瓶”形似一双手叉在腰际的窈窕淑女，轻摇起时尚裙摆，引得无数好逑君子伸颈、侧目。

松鹤照月恒流传

松鹤照月，单听这名词就足以给人以无限遐想了。古人以松鹤寓长寿，史料记载：清康熙时，皇太后去到承德的避暑山庄，就居住在西峪的松鹤清樾。乾隆十四年（1749 年），乾隆帝在故宫里的正宫东面另建一组八进院落的建筑，题名松鹤斋，以供皇太后居住，为乾隆三十六景之一。想当年，松鹤斋内“常见青松蟠户外，更欣白鹤舞庭前”，庭院中还有驯鹿悠游其间。百度搜索一下“松鹤”两字，网络将引领你进入西安韩森寨南村的一家小院里，观赏到 80 余岁李容斌姐妹俩人为迎接北京奥运会召开，合作完成的刺绣作品《松鹤图》；没准还会将您带往已经开业十余年的台湾新竹市锦华街 14 号的松鹤日本料理店。由此领悟，艺术此物，不光不受制于时间约束，抑或也是没有空间羁绊的。

古代文物赏玩的价值，集中体现于文字和纹饰方面，并由此而产生名器。后周柴窑松鹤照月瓶，不仅凸显“松鹤照月”四字篆书，还能观赏到松树、月亮和白鹤组合成美景的雕塑形象。当凝视这件五代艺术珍品时，它能把人们的思绪带到历史悠久的晚唐时分，与后周先民的艺术构思发生情感共振，美的感受由此产生，并愈发变得强烈起来。

恰逢农历九九重阳节来临，在此祝愿“松鹤延年”的美妙寓意能让每一位老人身体健康，同时也真诚地祈祷人类赖以生存的地球一天天变得美好，使得子孙后代免尝生态环境恶化的苦果，让“明月当空照”的自然美景能够永久地保持和传承下去！（附图经由合成处理）

大布黄千作见证

“大布黄千”为王莽始建国二年所铸十布之最大者，“黄”为“横”之省偏旁“木”，“横”即“衡”，“等于”之意，一枚“大布黄千”即等于“小泉直一”1000 枚，一般长 5.4 厘米，重 8 克至 12 克。另在《古代钱谱》里面被译作“大黄布刀”，“莽自信言黄虞之后。大黄，莽之自称也。”未曾与泉家为伍对此深究，予略为知晓所饰文字有其含义及来历，暂就作罢。

后周社会重视商品经济，与周世宗本人经历有关，据悉郭荣为世家豪佑，在青年时期就以经营贩卖雨伞和瓷器为业。继位后曾经许诺：“寡人当以十年开拓天下，十年养百姓，十年致太平足矣！”周世宗英年早逝之后，民间遂将他当作“财神爷”、“天富星”来供奉，反映了老百姓对他的尊崇爱戴。也正因为其重视商品经济理念得以传承，宋赵政权历经一百六十余年的努力，经济总量大增，管辖区内近一亿人口，北宋朝一跃成为世界上经济和文化最为发达的国家，在教科文方面持续处于领先水平，文明程度甚至超越了唐代。

后周柴窑双层镂空泉布纹爵杯煞是好看，不单是挂在上面的那些精妙镂空的泉宝刀币，尚可从其装饰以元宝式流槽、爵杯式造型、汉八刀式蝉足，就让人对之刮目相看了。眼前这件有着富贵吉祥美好寓意的佳作，为后周社会重视经济发展提供了文物见证。（附图由同好师友、柴研会副会长鹏飞兄应约摄影）

柴器珍玩寻有缘

在收藏大众看来，鉴藏柴窑令人匪夷所思。这里指从事柴窑鉴藏的人们，由于缺少权威实物作为依凭，因此公说公有理，婆讲亦可以，故而显得离奇。上网久了，逐渐发现，不论楼主是老或少，赏玩时间是久与暂；也不管收藏志趣如何，鉴赏水平高低，均习惯以个人喜好来参与鉴藏类讨论，彼此互动交流中发表观感、表明肯否，并借此提升鉴藏知识。

业界不乏固执己见者，具有恋物癖好者尤其多。通常而言，对自家收藏品路数易获支持，遇上与自身理念相左者，则登台演出“对手戏”。如某位藏兄述及：“柴窑器确实是色异精制，似钧似汝，足粗黄土色，就是古人称之为铜胎的是也，其比重大得惊人”，足见其所主张的柴器隶属于“似钧似汝”，胎体厚重一类。收藏数量少的，自认为恪守了“少而精”原则；反之，又主观地感觉物缘好而沾沾自喜。本着各自收藏立场出发，乃属于人类性情使然，无可厚非，难以理喻在于表达不同意见之后，并不想以事实予以证明！或有同好，以为其所藏系属孤品，一旦发现了同类，则主观臆断其为现仿。不免让人联想至文博界少数人士的习惯做派，动辄便讲某一类文物存世仅只多少件，且均为国内外博物馆所收藏，世间不会再有。

“十步之泽，必有香草”。有些人无把握之前，不轻易给他人藏品下判语，对确有把握断真者，即使归属于它藏，也会发自内心地由衷赞叹，并将此纳入收藏目标。藏界流行着一句话：物寻有缘人。听起来似乎唯心，客观地讲，是指眼光放得开阔些，不为细枝末叶所缠缚，在综合分析的基础上给予标的以恰当信任度，这样一来，入眼上手的几率大为增加。即使出现失误，尚能保持良好心态再行起步，不至于因噎废食，半途而废。

予以为，有此修为的同好师友，取得鉴藏古董的佳绩是可以期待的。

不辱使命攀高峰

揭开素有“瓷皇”之称的柴窑谜底，钻研文献固然十分重要。但文献记载毕竟仅有那么几句，而且翻来覆去引用，难得新意。清宣统时期，程村居士就已经把寻找柴窑的任务，提高到关系国人荣辱之高度，《柴窑考证》载云："按柴瓷实为吾国重器，若周之赤刀大训天球河图，较之宋均其贵重奚啻倍蓰。近年中西人士研究瓷学日益精进，尚鲜有见真柴窑者，因命长儿知耻译为英文，排印于后以广其传。"足见其探索柴窑器物的用心何其良苦，其意义是何等重要。在"盛世兴藏"的当下，柴窑不能空挂了"制精色异为诸窑之冠"的美名，必须有其实物展现在世人面前。举证柴窑（尤其是后周柴窑）的历史重任，自然降临在了当代鉴藏家群体的肩上，可谓历史做抉择，时代在召唤！

在此简略回顾一下第二届柴窑研讨会期间举证实物的相关情况：会议名册登记的参会人员共计 24 人，会议期间以实物交流展示的有 9 位。从予之鉴赏观点出发，以为举证柴窑的占到了其中 7 席，从数量来看，宋柴居多，但在以实物举证柴窑的 7 席中，大多都举证到了后周柴窑，分别为广东鹏飞（鱼化龙枕、龙錾凤流壶、双重顶圆殿式香熏炉）、广州锦生（丰庆鱼耳瓶）、陕西兴起（凤凰耳式赏瓶）、西安一山（鸭式水匜）、河北兴正（鱼化龙枕），加上武汉本人（大周华枕）共计 6 位。

回顾第一届柴窑会议召开时，只有 2 人带了整器参会，除予所带一件宋柴外，北京建川兄举证了一件后周柴窑菊花纹尊。相信将于 2011 年举办的第三届研讨会上，会有更多同好师友积极地参与到以实物举证柴窑的行列中来。

传世柴窑知多少

传世的古瓷数量，历来有官说巷议之分。客观地讲，这个乃属于神仙数字，即使是刘伯温在世，也未必预测得精准。

因为"见光"本属于动态的，昨天古陶瓷还在地宫里面做着春梦，冷不丁被一台挖掘机给轰鸣醒了，随即便又重新开始了传世生涯，也未可知。

先前有一位陶瓷界大名鼎鼎的人物，宣称"目前全国元青花瓷完器的真品还不到 300 件"，此语一出，舆论哗然。收藏界人士，谁不知道元朝有近百年的历史呀；谁不知道炉火鼎盛之时，光一个景德镇就有三百座窑口同时烧瓷呀；谁不知道元朝建国初年设置的浮梁瓷局，有着长达 74 年的经营历史呀；谁不知道朝野上下，历来都有以陶瓷器皿作为明器入土的随葬习俗呀。先生的逻辑思维，实在让人不敢恭维！

此外，作为有近廿年烧造历史的北宋汝官瓷，自公元 1086 年开始昙花一现，便消隐于战乱的尘烟中，据 CCTV2009 年第 2 期《走近科学·清凉寺的秘密》节目中专家介绍，在五大名窑之中汝窑瓷传世最少，目前全世界仅有 77 件左右，主要保存在故宫等国内外十家博物馆内。“全世界仅有 77 件左右”这一新说，注定了会要成为继“元青花完器真品不到 300 件”之后，又一桩被文博古玩界称作笑料，为国内鉴藏界众生所不齿。

鉴于上述权威版本实有谬误，予也方便放胆作一次山寨版草根评估：元代青花瓷器的传世量，不论大小的各种器型加总最低不应少于 50000 件吧；汝窑瓷的传世量，应当不会少于 4000 件吧。归结到予真正想要在此作出评判之标的物，即：关于柴窑器皿（仅限后周时期）的传世量，或许 300 件只可视为下限咯?！

听到此番言论，想必会使业界的“片儿汤”们直犯“晕”了！

试与秋水来商榷

秋水兄曾经翻译过乾隆皇帝《咏柴窑枕》这首诗，译文如下：《遵生八笺》的作者称自己未见到柴窑品，那么我安心躺卧的这件柴窑枕从何而来呢? 那是在明媚如镜的春天里，（南方的上供者）开着安有大辂的椎轮渡船逆流而上（送来的）。推荐给宫中的这件柴窑枕枕床上布满了蟹爪纹，那是因为烧制此瓷使用的是后周皇家垄断独有的材质呀。我经常望着这件古旧的柴窑品端详，脑海里遐想了许多，我常常夜里披衣下床，一个人陪伴它、审视它。（这些柴窑品）历经岁月虽然器物如纸张一般薄透，却坚硬挺拔（而不易破碎），成了我秘密鉴赏把玩的爱物，而那些虽然经窑工们苦心烧制而拙劣的柴窑品总会普遍受到厌恶和不满而被舍弃、废弃。所以柴窑品才会存世这么少。而陆龟蒙所咏唱的越窑瓷器存世量不知道是它存世量的多少倍呢！

予结合柴窑鉴赏以及对于古代诗词理解抛砖引玉，与秋水兄切磋商榷，并请方家教正：

《遵生》称未见，安卧此何来?

采用瓷枕睡眠未必对养生有益，就连专讲养生的名著《遵生八笺》上也未提及，不是吗?

大辂椎轮溯，春天明镜开。

时间流逝得很快，隆冬一过，转眼间春绿开始洒满人间。此件柴窑枕釉面，也像是荡漾着一层水波，鲜碧（或淡青）色调有如雨过天青一般的明净。

荐床犹蟹爪，藉席是龙材。

一个孩儿家，斜倚半卧在鱼化龙式船榻之上，器物表面满布滋润细媚的蟹爪纹，看上去显得高贵华美极了。（“荐床犹蟹爪”此处或许指的是胎骨，“藉席是龙材”则指称釉面。前句牵涉到了后周柴窑的烧制流程，疑采用了复烧工艺，先对器坯烘焙一次，施釉后重置再烧。因此，在坯体上面形成“蟹爪”就不难解释了，“龙材”或有可能指取自于那段公案，自打“宝库火”之后，“诸金石烧结一处，因令作釉”的了。）

古望兴遐想，宵衣得好陪。

当夜阑人静，公务处置完毕时，朕便拿起它来细细把玩，不由得引发出寡人怀古的思绪，兴起无尽的幽思遐想，在它陪伴下度过了难以计数的不眠之夜，真称得上是朕的好伴侣啊！

坚贞成秘赏，苦窳漫嫌猜。

孩儿枕的胎釉看上去既坚硬又细媚，被寡人当作一件秘不示人的奇珍异宝，柴窑器物果真是千年难得一遇的啊，它的存世量有多少，以及此件东东是如何流传至今的，在朕眼里似乎永远都是一个难解之谜哟……

越器龟蒙咏，方斯倍久哉。

唐代诗人陆龟蒙，写下了“九秋风露越窑开，夺得千峰翠色来”之名句，越窑秘色青瓷从此称誉于普天之下，而比之更胜一筹的稀世柴窑却无此幸运，今日朕试着作一番评点鉴赏，祈望后周先皇的丰功伟绩得以声名远播，万世流芳！

三言两语话北地

曹昭（元末明初人），字明仲，松江人，其父曹真隐博雅好古，收藏大量法书、名画、彝鼎尊壶以及古琴、古砚，他幼年即随父鉴赏古物，目濡耳染不学以能，更兼悉心钻研，鉴定精辟，乃有成就，成为历史上最早的文物鉴定名家之一，其著述亦为历代文物鉴赏家所重视。曹昭原著《格古要论》为三卷本，明万历年间由周履靖选入《夷门广牍》丛书中，清乾隆时收入《四库全书》，后世对其品评甚高："其于古今名玩器具真赝优劣之解，皆能剖析纤微。又谙悉典故，一切源流本末，无不厘然，故其书颇为赏鉴家所重"，"凡分十三门，其铜器、古画、墨迹、碑帖、古研、窑器七门，古人所已论，珍奇、金铁、漆器、绮绣、异木、异石六门，则自昭始创也。赏鉴器玩略具于斯。"

洪武版《格古要论》提出"柴窑，出北地，世传柴世宗姓柴氏时烧者，故谓之柴窑，天青色，滋润细腻有细纹，多足粗黄土，近世少见。" 同时还指出"汝窑器，出北地，宋时烧者。淡青色，有蟹爪纹者真，无纹者尤好，土脉滋媚，薄甚亦难得。"

考察历史上称呼北地者，当以其时国都所在为参照坐标。曹昭原著刻印于明洪武二十年，距离京都南京城始告完工刚一年。永乐元年朱棣夺取帝位后，改北平为顺天府，迁都于北京城系属后来之事。松江今辖于上海市，曹书中所述北地，原意当指京都南京城的北方地区，而非指先前秦国所置 36 郡之一的北地郡（郡治设在今甘肃庆阳西南的义渠）；也非属东汉、魏晋时期距京兆长安以北的冯翊境内的北地郡（郡治设在今陕西富平县、甘肃省徽县泥阳镇一带）。翻阅《水浒传》第六十八回，开篇提到金毛犬段景柱"前往北地买马"，可为北宋时期民间指称方位俗语中的一处注脚。

《故宫博物院院刊》2006 年 6 期发表过孟原召的《曹昭〈格古要论〉与王佐〈新增格古要论〉的比较》，文章从版本、作者、体例、内容几个方面对两书作了详细的比较，分析了其学术价值，并着重强调了王佐新增本的意义。杨静荣先生在《传统鉴定必须与科技鉴定相结合》一文中也有类似观点："王佐修订《格古要论》时，距曹昭成书时间仅 68 年，而且有传世版本为据，王佐的修订工作做得十分认真，脱文漏字的地方均已补齐，不能补的和没有确切把握的，也都注明了'原文缺'。而王佐新增订的内容，也都注明了'后增'、'新增'。可以认为王佐的书完全保留了曹昭《格古要论》的原貌。《新增格古要论》柴窑条目注明：'出北地河南郑州'，且没有'后增'、'新增'字样，说明该条目就是曹昭原书所载。"

猜测天顺版《新增格古要论》作者本意，是追求进一步明晰化，乃对洪武版原著中的两处"北地"略加甄别：一个增补成"柴窑器出北地河南郑州"；另一个改称为" 汝窑器出汝州"。谁料这一番好心，却令后世滋生出诸多误解，成为引发后周柴窑窑址之争的渊薮呢！

大美至善惟其真

柴窑，尤其是后周柴窑，在予眼里，无疑充满着无比美善性，前提皆因判其为真。自举证柴窑器物以来，耳边不时响起业界人士的嚷嚷声："千年来谜一般柴窑，一出手就上来三件同型异彩的完整器，想拍手叫好也难啊！"，"怎么一下子会跑出来一堆一堆的呢？"

就玳瑁色柴窑品种而言，诸君肯定未曾见识过，毕竟在线举证的普天下仅限洒家一人。除此而外，予还曾以豆绿色柴窑系列一并进行举证，原因很简单：被俺撞上了呗！深度回应惟有一句：你准备好了吗？相信仅此一问，足以让某些质疑者晕倒。无人会怀疑巴斯德的那句名言：Opportunities favor only the prepared minds. 你尚未感觉之际，人家却在四处寻觅啊，差别或许就在这里。毫无准备的头脑，即使碰上了真宝贝，只会置若罔闻，而对于那些有准备的大脑，情形则完全相反！

还有人讲，如果这是柴窑，我宁可不要。这无非是讲，类似东东早已领教过了，有人见过，或许原属事实，但大致可以肯定，鲜有人会主动将其拿下。人们站在那里顾虑重重：这有可能吗？回答自然是绝无可能。说真的，"不可能论"

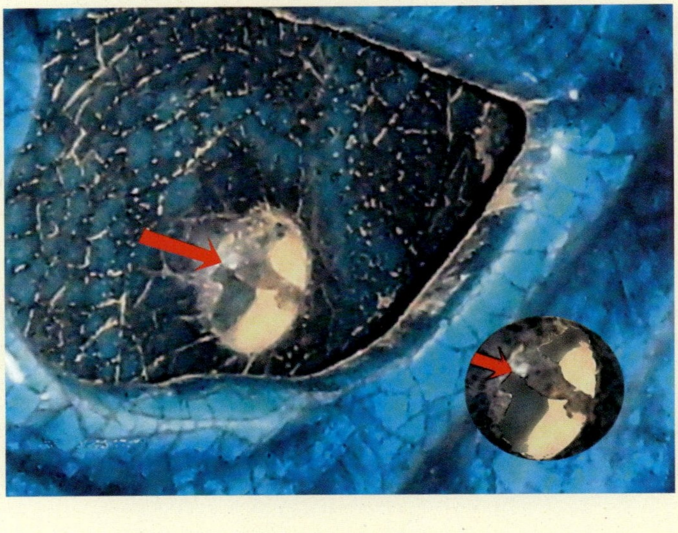

无时不在鉴藏界生发蔓延着，并在收藏人士饱尝“吃药”之苦水后，进一步得以强化，逐渐形成占据垄断地位的思维定式和舆论氛围，客观真理也就在人们不屑一顾之际，似白驹过隙一般地溜之大吉。假使后周柴窑真如予先前所预测的那样，传世数量不足以千数计的话，那么可供鉴藏器物或将濒临枯竭，岂肯甘候尔等慢慢地作出反应焉？

附图说明：图中大周柴器上的釉泡虽然破损，但仍呈现“藕断丝连”状，残泡中极细微的尘土堆积偏安一隅，这些旧器征貌便是历经千余年岁月风尘洗礼的可靠见证。

富贵吉祥孔雀尊

柴窑双层镂空孔雀牡丹图纹尊，造型典雅，姿质伟岸，乃属大周柴器中的极品，堪称后周遗珍，国之瑰宝。瓶身镂空的几只孔雀，单足利爪踏在花树浓盛的山岩上，回首拖尾，凤头凤目细脖颈，碧彩围涎状羽毛有如花鳞片。瓶颈的两侧，分别贴塑以盛开的牡丹花作为器耳，饱含传统的祥瑞寓意——花开富贵。

让人感到诧异的是，近五十公分高的大器，面釉中很难寻找得到气泡。在后周柴窑孔雀尊的瓶胆内壁，还隐约能够观赏到“温家大院　秘方柴钧”两行小篆。先前柴教授撰文诠释过“钧”、“柴”二字有通假关系，更有人主张晚唐五代时期的钧窑就是柴窑。藏界比较一致的看法，是当后周国号易帜后，柴窑工匠无所依归，遂群趋颍川阳翟经营钧窑，重塑辉煌。

再行考量，这里的“秘方”究竟指称何物？是瓷釉的配方，或是制胎的秘密，不得而知。据悉，被称誉为“中华钧瓷泰斗”的晋佩章老人，生前为了烧制好“祥瑞瓶”，曾经无私贡献出了自己研究六十多年的钧瓷釉秘方。以此推知所谓秘方，莫非真是大周柴器烧制之密钥？

关键还在于，“大院”尚可理解，多指拥有一定田庄园林规模的世家豪门。但是，这里的“温家”是何方人氏？其与“柴家”的关系会是怎样？莫非“柴钧”才是当年人们给予大周柴器之称谓？……这些都是待解之谜。仔细推敲此“八字”，人们甚至不难想象，“温家大院”与“秘方柴钧”或有其内在联系。要么，它是订制过柴窑器物且声名显赫的要约一方；要么，如同元代青花瓷鉴藏中“古相·博陵第”之疑案，或许就是早已湮灭于历史尘埃中的御官窑的主持者（承诺方）。综合分析“八字”所营造的语境，相对而言，后种可能性较之前种可能性要大得多。

正如有一位收藏家所言：咱们需要探讨的未知项还很多，仅仅局限于书本上百传不厌的那几句话，就无需再对柴窑感兴趣了。末了，凭借杜少陵《望岳》诗的韵律平仄，改词吟诵，聊寄幽思：世宗去如何？求索情未了。温家林园秀，大院决分晓。秘方起疑云，柴钧似归鸟。擎捧孔雀尊，一览众器小！

（书中附图除去注明者外，皆系作者自行摄制）

后周柴窑精品图示

双层镂空孔雀牡丹图纹尊

金童玉女观音尊

龙鋬凤流塔式盖执壶(由小巧供图)

双层镂空菊花纹尊(由秋赢供图)

禹壶尊(由劲军供图)

两面开光双层镂空富贵瓶(由玉锦供图)

十八罗汉之长眉尊者(由杨斌供图)

后周柴窑集锦(上)

后周柴窑集锦(下)

后　记

自打柴树青教授于2008年8月在大河网发起“郑州柴窑大讨论”以来，发表见解者寥若晨星，点击浏览的人数却不少，伴随着三省、市专业研究会(所)的相继成立，有关柴窑的探索愈发成为鉴藏界的热点。截至发稿前，大讨论栏目点击率已经突破廿余万次。本书内容以笔者参与讨论时所发表的见解为其蓝本，冠名南辛，以示个人学术观点，“赏”者乃指鉴赏之意。

开展鉴藏讨论的在线作品，略经整理后出版发行属于一种尝试。故此类文本体裁有其独到风格，其间充斥着为使表述有据而加以引用的文摘图片，沉淀着抽茧剥丝般日趋深化的思维结晶，兼容了同好相互砥砺的即兴唱和，反映并折射出藏家之间探索时的情感交流，甚至不乏意兴阑珊时所新编的历史故事等。凡此种种，或可将其归属于鉴藏札记一类。

其实，称谓什么并不重要，关键在于此番鉴赏的意义非同寻常，它所直接指向和寻求破解的，乃是中国陶瓷史上享有盛名、历千年之久的柴窑谜案。对于晚唐五代时期的柴窑，收藏与鉴赏都极不容易，既缺少具有详尽说明的历史著述，又看不到可供对比的馆藏标本，即使权威的田野考古资料，当下也还是空白。因此，免不了同好们在线热议，触发貌似激烈的一次次论争，乃是收藏论坛中的稀松平常事儿。文本对此保留了些原貌，以为此段探索的写实记录。鹏飞、家乡人、视点、云外客、马玉希、覃怀、寒食敬、柴窑王子等藏界友人，积极参与攻关探讨，由此相与发生的思维激荡，成就了篇幅中的精粹部分，相互切磋，相互增益，相辅相成，相得益彰！

予作此札记，亦非单纯为了揭示什么是后周柴窑，还延伸性地探索了为什么以及怎么样。当然，关于“什么是”的首要问题，并不会因本书的出版发行而

宣告结束,对于“为什么”和“怎么样”的诠释,势必将在收藏界同仁中持续地产生反响,“风乍起,吹皱一池春水”！令人感到宽慰的是,此番鉴赏已经涉及到了柴窑器物的分期断代、色系构成、器形制式、艺术特色、文化传承以及吉祥寓意诸方面,在本篇末尾,结合自家收藏对柴窑的烧造方位及疑似窑坊主人,提交了可供破解谜局的宝贵线索。可以确信,经过同好师友们的再接再厉,必将搭建起后周柴窑的学术框架,位居“六大名窑”之首并以“瓷皇”著称于世的柴窑,终将被揭开其神秘的面纱!

本书瑕不掩瑜之处,也在于为公众提供了一定数量的、弥足珍贵的柴窑图像。此番文物通过书籍形式集中亮相,适应了高端古陶瓷收藏急剧升温和文化产业蒸蒸日上的时代需求。它们的示现,或许正是时下一些收藏鉴赏人士所求之不得的。同时,它也是在古瓷器仿制品泛滥的情势下,为保护后周先民卓越的创造免受玷污,由民间鉴藏人士自发采取的保护性措施。毫无疑问,人们无不翘首企盼并等待着考古发现的权威报道,在柴窑信息缺失的背景下,存在着宽广的领域供人们去求索论证,作为破题之作的此番“赏柴”,偶现举证失准似亦合乎情理。

中国历史博物馆顾问孙学海和著名陶瓷专家赵青云曾经受邀鉴赏柴器实物,两位老先生分别肯定了笔者所出示的大周珍藏享有悠久历史,可归属于五代或北宋时期。资深专家所给予的鉴赏评定,增强了作者发表赏柴心得的信心。

感谢给予编著此书提供支持与帮助的前湖北省博物馆林奇馆长、中国传统文化促进会文化教育委员会执行主任袁冰(弘二)教授、中华疑似文物保护委员会主任委员许明博士以及各界师友,尤其还要感谢伊拉克驻美大使夫人杨英女士为弘扬中华传统文化所付诸的努力!

杞菊庐藏主人 谨识